AF176354

„REISE, REISE"

Dort, wo Du nie gewesen bist.

Jürgen Kraaz

„REISE,REISE"

Dort, wo Du nie gewesen bist.

„Herstellung. BoD – Books on Demand, Norderstedt".

Bibliografische Information der Deutschen Nationalbibliothek:
Die Deutsche Nationalbibliothek verzeichnet diese Publikation in der
Deutschen Nationalbibliografie;
Detaillierte bibliografische Daten sind im Internet über <u>dnb.dnb.de</u> abrufbar

© 2022 Jürgen Kraaz

Herstellung und Verlag: BoD – Books on Demand, Norderstedt

ISBN: 9783756841103

MAROKKO

ODER WIE ICH GESALBT WURDE

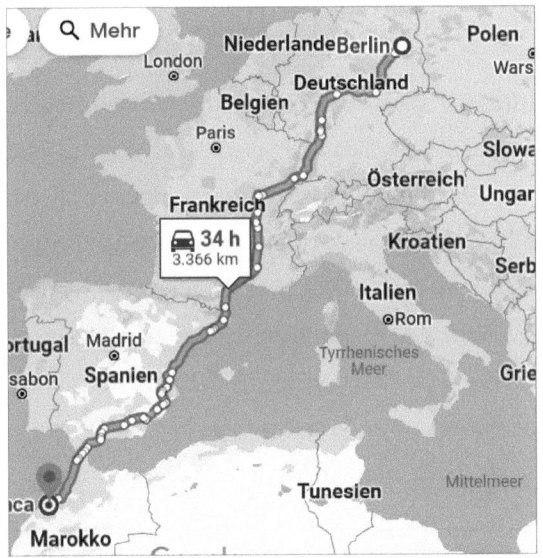

Was für ein Chaos. Es war eben eine richtig freakige Aktion, die uns erstmals in ferne Welten führen sollte. Noch nie war ich außerhalb Europas gewesen – ein Fakt, der unbedingt und gleich verändert werden sollte. Ja, lass uns nach Marokko fahren, ein paar nahestehende sogenannte Freunde zum Beispiel waren schon einmal da gewesen, kannten da jemanden.

Also rafften wir all unser Geld zusammen und ab ging es mit zwei Autos und acht Menschen Richtung Süden. Mich, ja mich, hatte man auserwählt, diese Fahrt als Finanzminister zu überwachen. Ich war natürlich schon nach wenigen Metern völlig überfordert, so das uns schon in Spanien das Geld ausging. Das war natürlich anders gedacht, aber Regina hatte eine Tante in Malaga. Und die sollte uns den Rest dieser schönen Fahrt finanzieren. Leider war die Tante nicht da. Was uns nicht daran hinderte weiter, weiter zu fahren nach Süden, nach Süden.

Unterwegs schliefen wir mal draußen, mal drinnen, oder auf der Gepäckablage des VW 412, auf der ich auch den Auffahrunfall überlebte, den sich unsere Fahrerin leistete.

Kaum waren wir auf afrikanischem Boden beugte ich mich, ohne den Boden mit den Füßen zu berühren, aus der Seitentür und küsste das afrikanische Festland – ein Symbol für meine Verehrung des mit völlig fremden sagenhaften Kontinents.

Das Verlassen des Zollbezirkes konnte nur durch eine etwas

unübersichtliche Bestechungsaktion realisiert werden. Aha, so[1] ticken die hier. Und dann weiter, zunächst nach Süden und dann Richtung Osten. Es gibt eine Straße, die kann man auf jeder Karte sehen, sie führt quer durch die Berge. Auf dieser bleiben wir ziemlich lange, bis wir noch einmal abbogen, um in einem Dorf anzukommen, das unseren Mitfahrern schon bekannt war.

Arabisch, afrikanisch, fremdländisch, so begrüßte man uns und taktloserweise schwenkten unsere Mitfahrer eine Flasche Whisky zur Begrüßung - eine Peinlichkeit für mich, der eigentlich in Unschuld leben wollte, um das ganze Leben genießen zu können.

Abends saßen wir mit vielen Männern zusammen, rauchten, rauchten und das nicht zu knapp. Plötzlich wurden wir dann aufgefordert in einer Hütte zu schlafen. Leider ohne jegliche Decke und das in völliger Dunkelheit so dass ich nicht nur fror, sondern mich auch vor dem fürchtete, was da nicht geschah.

Morgens verkrümelte sich meine Gruppe, ich war allein, und so nahm ich meinen Gitarrenkoffer und setzte mich ab in die bergige Landschaft, die fruchtbar lockte. So saß ich auf einer Anhöhe, schaute in das Dorf und spielte Gitarre.

Da kam das Mädchen auf mich zu, vielleicht 13, 14 Jahre alt. Neugierig schaute sie mir zu, kam langsam näher und setzte sich zu mir. Mein Gitarrenkoffer war geöffnet und heraus schauten viele, viele Saiten, die zwar alle schon gebraucht aber vielleicht

---

1

auch notwendig waren. Das Mädchen griff sich eine Seite guckte mich an und sagte: Kado?

Ich verstand sie nicht. Was für ein Wort? Ihr Name? Was wollte sie von mir? Aber ich nickte erst mal und so steckte sie die zusammengerollte Seite in ihren Rock. Und dann begann ein reges Verhandeln, bei dem herauskam, dass sie selber Gitarre spielte, aber kaum Saiten bekam in ihrer dörflichen Einsamkeit. So schwatzte sie mir eine Seite nach der andern ab, immer mit dem mit der Frage Kado? Kado?

Erst viel viel später begriff ich, das dieses Wort ein französisches war: Cadeux, das Geschenk. Seht Ihr, ich habe nichts verstanden und doch bin ich ganz gut klar gekommen.

Aber auch sie hatte ein Geschenk für mich: Mit schwarze Erde und einem Stift bemalte sie mein Gesicht. Eine Fülle von Linien, Figuren und Bildern – ich fühlte mich gesalbt. Lange dauert dieser schöne Moment.

Nachdem sie ihr Werk vollendet hatte, nahm sie die geschenkten Saiten an sich und verschwand. Ich war auf meine Auszeichnung, wie sie sich in meinem Gesicht zeigte, stolz und lief ungewaschen im Dorf herum. Und kann mich nicht erinnern, das mich jemals einer nach diesem Mal gefragt hat, nur ich wusste, um was es geht.

Am nächsten Tag kam der Dorfvorsteher zu mir. Es war seine Tochter gewesen, mit der ich in dem Berg zusammen gewesen war.

Er lud mich ein, auf sein Moped (Pferd) aufzusteigen, er wollte mich etwas durch die Gegend fahren. Und dann begann eine Fahrt, an die ich mich noch heute erinnere, so schnell so hart und rücksichtslos – aber ich war immer entspannt. Wir haben uns gut verstanden auf dem Moped.

Nachdem er mich so geprüft hatte, ließ er mich absteigen und schenkte mir einen LSD-Trip. Ich hatte natürlich nichts Besseres zu tun, als mir nach diesen Erlebnissen das gute Ding reinzupfeifen und saß dann an dem Tag noch stundenlang bei den Frauen, die den Ofen in der Mitte des Dorfes mit Brotlaiben fütterten. Und wenn ich dann in die Ferne schaute, und sah, wie ein Bauernpaar hinter einem Ochsen das Feld pflügte, dann war ich im 16. Jahrhundert, wenn nicht früher, angekommen.

Leider wollten meine Mitreisenden nun weiterfahren. Ich weigerte mich weil ich den LSD-Trip noch bis zu Ende auskosten wollte. So blieben wir noch ein Tag um dann in Richtung Marrakesch und Casablanca weiterzufahren.

Nun war das Geld endgültig am Ende und wir gingen zur Botschaft und ließen uns das Benzingeld für Rückfahrt vorschießen. Nach Norden übers Mittelmeer nach Madrid – jeweils immer zur die Hauptstadt eines Landes um schrittweise, von Botschaft zu Botschaft, nach Hause zu kommen. Deutschland hat es bezahlt.

Vieles von dieser Reise ist mir nicht mehr Erinnerung geblieben, allenfalls mein nächtlicher Schlaf auf einem dunklen Parkplatz in in Madrid, während vor meinem Fenster sich ein junger Mann einen runterholte. Ich war nicht interessiert.

Irgendwann, Jahre später, kam noch eine Rechnung von der Botschaft. Ich habe sie ignoriert.

Mann, waren das Zeiten.

PRAGER
WINTER

FLUGBLATT-SCHMUGGEL
INS KOMMUNISTEN-LAND

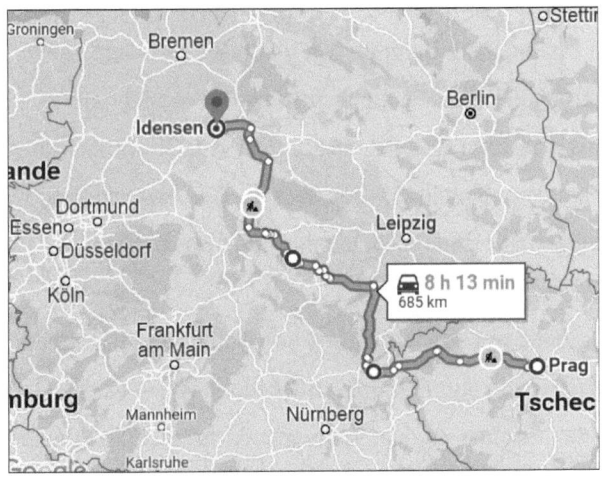

Prag, Na und? Da waren wir doch schon alle mal. Eigentlich nichts Besonderes - wenn es nicht das Jahr 1977 gewesen wäre, die eisige Zeit des Kalten Krieges, am Rande des heißen, wie wir alle vermuteten. SDS-Junkies und Polit-Spaßvögel hatten in dieser Zeit zwar das Sagen, aber wir haben es getan.

Wir – Michaela und ich – wohnten bei Uli auf einem kleinen Resthof, Pampa rundherum und Hannover nah, beileibe kein Abenteuer.

Uli sprach uns an. Er kenne einen tschechoslowakischen Politiker, der in Deutschland Unterschlupf gefunden hatte und sein linke Wühlarbeit in Richtung Tschechoslowakei von hier aus organisierte. Zum Beispiel mit Flugblättern. Ob wir den Nerv hätten in einem umgebauten VW-Bus über die Grenze nach Prag Flugblätter zu schmuggeln, einmal nur, bitte, bitte.

Nun ja, links waren wir aufgrund von Geburt und Leben, und etwas aktiv gegen die autoritär unterdrückenden Regimes des Ostens zu tun – das machen wir, klar. Also, was ist zu tun? (Das, meine lieben Freunde, hat man davon, wenn man selbst recht bedenkenlos ist (die 68er) und eine Frau an seiner Seite hat, mit der man viele tausend Pferde stehlen kann.)

Irgendwann war es dann soweit: Auf dem Hof stand plötzlich ein schöner alter VW-Bus, dessen Innereien über der Achse per Schweißgerät freigelegt worden waren – dort hinein die paar Hundert Flugblätter. Was auf denen stand konnten wir natürlich nicht verstehen, wahrscheinlich irgendwas von „Haut ab, Ihr russischen Schweine aus unserem Land". Dann wurde die Klappe zugeschraubt, Teppich drüber und fertig war das Schmuggelmonster.

Leider, ja sehr leider funktionierte die Heizung nur ganz weit hinten im Bus, und dann auch nur marginal, Und noch leiderer war es gerade minus 10 Grad kalt, und heimelig stand der Schnee nabenhoch. Wir nahmen uns einen Schlafsack für die Füße mit und planten, uns beim Fahren und beim Schlafsack abzuwechseln.

Los jetzt, ab nach Bayern, hin zur Grenze. Nach 200 Kilometern war der Gasfuß ein Eisfuß, alles entsetzlich kalt, aber uns wärmte unsere Mission. Unten in Bayern scharf links ab, Richtung Prag.

Und nun die Grenze ins kommunistische Großreich – oha. Stockdunkel war es, nur eine gespenstische Schranke, die die Straße absperrte, Posten mit Gewehr, Papiere, warten, warten, warten.

Spione, die aus der Kälte kamen - exakt die Stimmung. Maschinengewehrfeuer jetzt, ach nee, das war nur der Motor - und dann doch freie Fahrt. Kalte, eiskalte Fahrt. Ich weiß kaum, wie wir das überlebt haben, aber angekommen sind wir in einem prachtvollen Prager Hotel. Dort hatte man schon für uns gebucht. Fürstlich, fürstlich, alles vom Feinsten – und der ganze riesige Bau praktisch total leer.

Dann. nachts das entscheidende Telefongespräch, Treffpunktbestätigung Wenzelplatz. Am nächsten Morgen mit den Flugblättern im Kunststoffbeutel machen wir auf „Stadtbesichtigung". Zunächst wie alle Touristen: Wenzelplatz. Ja dort, wo alle Prag-Fotos das riesige Denkmal zeigen, mit der Sicht auf die lange, 60 Meter breite Straße, da, wo alles passiert in Prag, inmitten in der heißesten Zone des Landes, dort trafen wir unseren Kontaktmann, direkt am Fuß des Denkmals. Geheimdienstler sagen dazu: Sei laut, wenn Du nicht auffallen willst. Das verabredete Zeichen kam. Man stellte sich zusammen, murmel, murmel und ging weiter in eine Nebenstraße. Kurzer Tausch der Taschen und weg. Das war es schon. Immer noch keine Polizei.

Wir verdrückten uns touristisch, blieben noch eine Nacht und dann ab nach Norden, Richtung Berlin. Nicht per Autobahn, nein per Fuß nahezu, so langsam ging es im tiefen, bergigen Schnee. Noch immer erinnere ich mich an das riesige, hohe Hotel inmitten des bergigen Waldes, völlig einsam, Graf Draculas Zuhause, über und über bedeckt mit meterlangen Eiszapfen.

Die Grenze war kein Problem, aber leider war es die der DDR, also immer noch alles gefährlich. Und doch erreichten wir unsere Stadt unversehrt und schwer erleichtert.

12 Jahre später fiel die Mauer. Hat sich doch gelohnt die gute Tat.

(Wenn das mein Vater wüsste, der Verfassungsschützer und MAD-Obrist. Ich höre noch, wie er sich entsetzt im Grab umdreht.)

DAMAS-
KUSS

Eine Berührung.

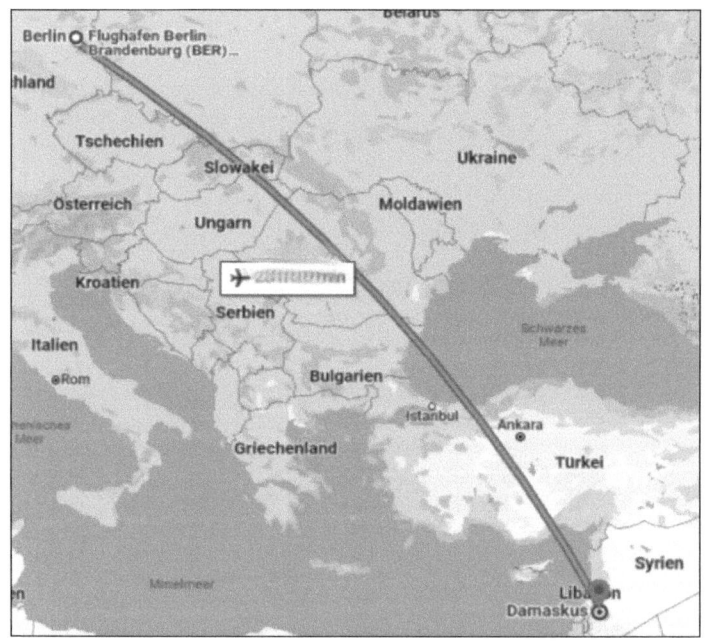

(Von Jürgen und Michaela)

Also fahren wir nach Damaskus. Das, nachdem ich gesagt hatte, dass der gemeinsame Urlaub vielleicht nichts wird und ich dann ja eine Woche allein nach Nordafrika fahren könne. Worauf Michaela den Ober-Terz macht und wir uns auf Damaskus einigten.

Zunächst verschlafen wir – und das nach bester Planung, aber der Wecker ist schuld - kommen aber rechtzeitig in Bremen an. Dann fliegen wir nach Frankfurt, verbringen 1 1/2 Stunden im Flughafen. Optik genießen, gut essen, rumlaufen. Und dann weiter nach Damaskus. In einer Lufthansa-Maschine. Michaela am Fenster.

Im Flugzeug schon ziemlich viele dunkle Gesichter. Geschäftsleute, Frauen, Männer, Menschen.

Vor Damaskus fliegen wir über eine wüste, wüste Wüste, im weiten Bogen. Sehen Vertiefungen und Hügel, können aber nichts erkennen - es ist schon fast dunkel.

Nach vier Stunden Flug kommen wir an. Es ist eine Stunde später als bei uns, es ist 7 Uhr.

Wir steigen aus. Kleiner Flugplatz. Aber Damaskus.

Im Abfertigungsgebäude dann voller DDR-Mief. Dunkle Soldaten beherrschen die Szene. Hinter jedem Schalter diskutieren sie zu fünft oder sechst über die Papiere der Ankommenden, während einige der Europäer hektisch versuchen, Einreiseformulare in ihrer Sprache zu finden.

Wir halten uns erst einmal zurück, setzen uns in die Ecke und beobachten, wie Menschenschlangen sich bewegen. Viel Bewegung, wenig Ergebnis.

Und als sich erneut ein Schwall von Menschen in das Gebäude ergießt, stellen auch wir uns an.

Die fünf, sechs Zeitschriften, die ich in meinem Wissenswahn gekauft hatte, schenke ich einem Soldaten und einem anderen Mann - beide sehr interessiert.

Und da: Ein Computer hinter dem Schalter, Assad-Bilder an den Wänden, grüne Uniformen, stolze, machtbewusste und leicht gelangweilte Soldaten, karge Räume, viel Kunststoff, arabische Schriftzeichen - welch ein Empfang, so einsam irgendwie.

Ja, wir werden durchgelassen, kommen an stillstehenden Laufbändern vorbei, wo zwei Soldaten als Zollkontrolle stehen. Alle gehen unbehelligt durch, nur ich und die Michaela gucken wohl etwas komisch. Das schlechte Gewissen mit der Flasche Whisky in der Tasche, von der ich nicht wusste, ob sie erlaubt ist. (Auf den Besitz von Haschisch und ähnlichem erwägen die Syrier leider gerade die Todesstrafe). Also kurzes Taschenfilzen, aber nichts gefunden - habe ich gerade meinen Kopf gerettet?

Wir gehen durch die nächste Tür. Und wie eine Wand eine Menschenmenge vor uns, dunkel, schwarz, hinter Absperrgittern, uns gebannt anstarrend - sind wir die, auf die sie warten, wer sind wir?

Und Jürgen war wirklich in Versuchung, anhand dieses großen Publikums einen gemeinsamen Willkommensgruß zu skandieren, lässt es aber dann doch - was weiß ich warum.

Die tausend Menschen machten freundlich Platz und schon - ja wie im Bilderbuch - bietet sich ein Taxifahrer an. Ich schaute ihm tief in die Augen, sah keinen Falsch darin und lasse mich führen.

Auch hier die Optik trist, sozialistisch - allein der Bohnerwachsgeruch fehlte.

Assad, Assad überall. Oh, Gott. Und das mit einem Grinsen auf den schmalen Lippen, das Leute haben, die sich nicht über den Tisch ziehen lassen, sondern selber ziehen. Und es wissen.

Und gibt es nur dieses eine Photo? Nein, es gibt noch ein anderes.

Der Taxifahrer ist kein Taxifahrer. Es ist der Bote der anscheinend zentralen Taxifahrerorganisation, die von einer resoluten, älteren Dame, die wie viele leidlich englisch radebrecht, gelenkt wird. Aber sie weiß, was ich will und bietet uns für 20 Dollar ein Taxi in die Innenstadt an und empfiehlt mir auf mein Fragen ein "Oriental Hotel", eine Bleibe.

Nun gut. Es ist dunkel inzwischen, alles ok. Wir zahlen und fahren durch ein unwirkliches Licht, aber stetig staunend nach Damaskus.

"Einen TÜV haben die hier wohl nicht", waren Michas erste Worte. Warum auch. Schließlich fahren Autos auch ohne Rücklicht, nur ohne Hupe ist man hier verloren. Die Straße, eine Autobahn für Autos, Radfahrer und vieles andere, führt strikt in ein immer dichter werdendes, immer noch sozialistisches Lichtermeer.

Die Augen, lechzend nach Orient, suchen unbefriedigt. Wo sind wir? Allein der chaotische Verkehr, das ständige Hupen, Dröhnen, die neue Unübersichtlichkeit geben Hoffnung, dorthin zu kommen, wohin wir wollen.

Wir biegen in eine Sackgasse ein, halten vor einem Hotel und steigen aus. Drei, vier Araber in einer Rezeption, die keine ist.

Verhandlungen, wir zwei bezahlen ein Zimmer für fünf - teuer, aber ein Zimmer.

Das Gepäck unter dem Arm betreten wir einen Raum, der in seiner Traurigkeit kaum zu übertreffen ist. Fünf Betten stehen in loser Anordnung an den Wänden. Schummriges Licht, graue Wände, ein Assad-Bild, karge Aluminium-Fenster, Fernseher, Schrank, Klima-Anlage und Kühlschrank mit Süßigkeiten und süßen Getränken tun alles, um uns auf uns selbst zurückzuweisen. Und will man das Ganze in seiner Endgültigkeit betrachten, kann man den Lichtschalter für das entsetzliche Neonlicht betätigen.

Unser Zimmer hat einen großen Balkon. Ich schiebe die Tür auf, schaue hinunter. Auch hier die Betonwelt, überall. Schmutz vor dem Hotel, herumstehende Jugendliche. Ein Streit mit dem Fahrer eines nagelneuen Toyota-Pick-up - der Fahrer will für eine Leistung nicht zahlen, fährt davon. Der Junge bleibt sauer zurück, die anderen wollen ihn besänftigen. Er bebt, schreit, geht ein paar Schritte weg in seiner Wut.

Wir tragen uns ein. Und später verlassen wir das Hotel, abwärts per Fahrstuhl, um herauszubekommen, was draußen ist: Die Sackgasse und dann, wie ein Brüllen, die Straße, die Hauptstraße, Menschenmassen, Hupkonzert, neugierige Augen. Wir wenden uns unsicher nach rechts. Arabische Buchstaben überall, wenn wir uns verlaufen, werden wir nie wiederkehren.

Viele Lichter, Verkäufer, Spaziergänger, schwarze Augen, Gestalten - und immer sehr neugierige Blicke, aber warm, auch herzlich.

Vor allem die Hässlichkeit der Gebäude beeindruckt: Beton, Beton und unverputzte Betonblock-Bauten so weit das Auge reicht. Wenig Grün, ein paar Bäume an den Straßenrändern. Wir stolpern immer wieder - der mit Platten belegte Boden ist brüchig und die Bürgersteige erscheinen meterhoch.

Die Frauen meist mit Kopftuch oder ganz im Tschador versteckt, aber auch provozierend modern, meist im Schutz der Gruppe oder eines Mannes. Viele Männer flanieren als Paar untergehakt oder Hand in Hand. Keine Europäer, wir fallen hellhäutig und hellhaarig auf wie Wesen von einem anderen Stern, und besonders Michaela muss sich daran gewöhnen gründlich angestarrt zu werden.

Aber keine bettelnden Kinder, obwohl viel Armut zu sehen ist - als Teil des Ganzen. Und wo immer sich eine lohnende Beschäftigung zeigt, an der Rezeption, beim Verkauf von Säften oder Zeitungen sind es gleich mehrere, die sich darum scharen, junge Männer en masse.

Nie hören die Busse auf, zu hupen. Jedes Manöver, jede Richtungsänderung, jeder Fußgänger auf der Straße wird behupt, in einer Lautstärke, die jeden zivilisierten Europäer auf die Palme gebracht hätte, die dort auch in Vorgärten wachsen.

Wer Assad nicht sehen will, hat keine Chance. Der große Platz, den wir erreichen, wird von einem monumentalen Portrait – hoch, wie das Hochhaus, an dem es hängt - geschmückt, hell bestrahlt von Scheinwerfern.

Der Verkehr brodelt ununterbrochen. Aber kaum Reifenquietschen, kaum erkennbare Regeln. Rätselhaft, wer Vorfahrt hat und warum, aber alle sehen alles, nichts geschieht. Keinen einzigen Unfall haben wir in der folgenden Woche gesehen, obwohl die Autos aussehen, als ob sie schon viele Leben hinter sich haben: verbeult, beschädigt, staubig, bemalt. Und überaus mächtig die Busse, wohl 15 Meter lang, geschmückt bis unters Dach, bemalt, alt, laut und unglaublich kraftvoll sich durch den dichten Verkehr windend. Dazu die kleinen Busse, nicht minder voll, bemalt und laut, überall haltend, und wir beide wissen nun, dass wir nie herausbekommen werden, wohin sie fahren - die arabische Schrift ist ein rückwärts geschriebenes Rätsel.

Wir wandern zurück, immer noch entsetzt über die betonierte Kultur, zurück ins Hotel, hinein ins Bett und schlafen erschöpft ein.

Nachts - wie spät ist es ? - werde ich ganz allein von der Stimme des Muezzin geweckt. Sie klingt in wunderbarer Klarheit laut über die Stadt. Das Minarett, von der aus sie zu hören ist, wird von grünen Lampen angestrahlt. Dann sagt es Klick, die Stimme endet abrupt - die Beleuchtung wird mit dem gleichen Schalter ausgemacht, wie die Lautsprecheranlage.

Beruhigt schlafe ich wieder ein. Im Alla Tower Hotel. Damaskus.

Und dort wache ich auch wieder auf. Wir müssen etwas tun, etwas Anderes suchen.

Wir frühstücken auf dem Zimmer: Fladenbrot, Käse, Marmelade und Kaffee in kleinen Tassen, schwarz, stark, türkisch.

Und dann geht es um Geldwechseln. Wir haben Reiseschecks und ein paar hundert Dollar. Es ist ein Abenteuer, weder Straßennamen finden zu können, noch Buchstaben zu verstehen oder Zahlen lesen zu können.

Also frage ich mich durch. Die nächste Bank ist nicht zuständig, die Menschen aber freundlich, mit etwas Englisch ist allen geholfen. In der Bank vor jedem Schalter Menschentrauben, und wäre man sich nicht sicher, dass es alles Menschen wie wir sind, würde man zurückschrecken vor der Fremdheit, Andersartigkeit und

Dunkelheit.

Erstaunlich viele Frauen im Bankgewerbe. Sie weisen mir den Weg zur richtigen Bank, und ich erfahre dort, dass ich ohne meinen Pass nicht wechseln kann.

Auch die Tourist Information ist nicht weit. Wir hatten sie schon bei unserem ersten Abendbummel entdeckt und gerätselt, ob das Büro nun aufgegeben, verlassen sei, oder nicht. Nun ist geöffnet. Groß, leer sozialistisch, ganz hinten zwei Gestalten - eine faszinierend geschminkte Sophia Loren der 90er Jahre und ein schüchterner, bärtiger kleiner Mann im Anzug.

Sie versucht mich mit schlangenhaftem Lächeln zu beeindrucken, aber das Mietauto, das ich will, das kann nur er mir besorgen. So bricht sie ihre Bemühungen so plötzlich ab, wie sie sie begonnen hat. Ich werde später wiederkommen, gehe zurück zum Hotel, mitten durch den allerdichtesten Verkehr, wo die Menschen lieber auf der Straße gehen, um auf dem Bürgersteig nicht zu stolpern.

Ein Autosammler würde wahnsinnig werden, Himmel und Hölle gleichzeitig erleben, denn so viele uralte Autos gibt es sonst in ganz Europa nicht. Älteste Amerikaner, Opel Kadett, Mercedes Benz - das Benzin ist billig und Rost hat keine große Chance. Meine Schuhe sind sofort von einer dichten Staubschicht bedeckt.

Michaela und ich beim Geldwechseln. Der erste Schalter ist nicht zuständig. Der zweite soll es sein. Nein, hier nicht, sondern im 1. Stock.

Die Kunden tragen lange, fließende Gewänder oder europäische Anzüge. Wir sind Touristen, aber fühlen uns nicht so. Nur Michaelas lange blonde Haare wecken die allgemeine Aufmerksamkeit - alles schaut nach ihr, so habe ich Zeit, die anzusehen, die sie ansehen.

Das große Büro, es geht wohl über das ganze Stockwerk, wird von einer Vielzahl von Schränken und in jeder freien Ecke aufgestapelten Aktenbergen beherrscht. Ein Chaos, das einem deutschen Bürokraten den Angstschweiß auf die Stirn treiben würde. Aber hier weiß man anscheinend, in welchem Stapel welche Akte zu finden ist. Die Atmosphäre ist geschäftig, aber zwischendurch wird auch Tee gebracht, von einem jungen Mann, der hier wohl für den Service zuständig ist. Erstaunlich die vielen Frauen auch hier.

Nach dem Erledigen der Formalitäten warten wir vor der Kasse zusammen mit anderen darauf, unser Geld zu bekommen. Im Kassenraum ein Durcheinander, das sogar den Kassierer an den Rand seiner Fertigkeiten treibt. Ein Kollege, Vorgesetzter kommt, fasst die Hände des Kassierers unter dem Sicherheitsglas hindurch, und es entspinnt sich ein arabisches Zwiegespräch, das sich anhört wie: "Wie geht es Dir Kollege, gegrüßt seien Deine Mutter und Dein Vater, der Himmel sei mit Dir und die Rechnungen in Ordnung." Der andere: "Sei Du gegrüßt. Wie Du siehst, fehlt es mir an nichts außer an Ordnung, Übersicht und Gelassenheit." Der erste: "Du wirst, so wie ich Dich kenne, alles bewältigen, ohne Fehl und Tadel, und am Abend, so er denn komme, wirst Du Allah für einen Tag danken, der Dir viel gegeben hat, auch Sorgen und die Liebe, wie ich sie Dir gebe." Der Kassierer: "So wird es sein. Grüße Deine Familie und sage ihr, dass sie einen guten Vater hat und somit den Segen, den sie braucht, um in dieser Welt ein menschenwürdiges Dasein fristen zu können." Die Hände der beiden lösen sich, und etwas beruhigt versucht der Kassierer, Ordnung in sein Chaos zu bringen.

Dann sind wir dran. Wir haben diese eigenartigen Traveller-Checks unterzeichnet. Geld, das erst dadurch einen Wert bekommt, dass man es unterschreibt. Nun wird daraus ein dickes Bündel Banknoten: Syrische Pfund, Lira, Tausende, 27 für eine Mark.

Damit zur Tourist Information. Die schöne Schlange und der Schüchterne begrüßen uns, und sogleich steigen wir mit ihm in eins der vielen gelben Taxis, die überall auf der Suche nach Kunden herumfahren. Wir fahren aus der Stadt hinaus in ein vornehmeres Viertel, zu einer Autovermietung, hell, sauber, freundlich, förmlich und teuer.

Nach ungefähr 10 Unterschriften bekommen wir einen ziemlich neuen Koreaner, der aber auch schon seine Lebensspuren aufgedrückt bekommen hat. Hinten, vorn, an der Seite und am Spiegel, Kratzer, Beulen, lose Teile - ein ziemlich heiles Auto für Damaskus.

Mit eigenen Mitteln im Verkehr ist auch nicht schlecht. Nur etwas voll ist es, und der Verkehr regelt sich hier über Auge und Ohr. Es geht um Zentimeter, um Nerven, um etwas Mut, Menschenkenntnis, Hierarchiesignale und um den Wert des Lebens im Allgemeinen. Nach dem ersten Spiegel/Spiegelkontakt war ich eingefahren.

Unser frischgetauschtes Geld war fast ganz beim Automieten draufgegangen, nun brauchten wir weiteres Geld, um aus dem Hotel rauszukommen, und natürlich war nun gerade die lange syrische Mittagspause angebrochen. Unser Tourist-Informateur konnte uns helfen und fuhr mit uns in die Altstadt - und, oh Wunder, wir sahen das, was wir wollten: alte Häuser, lebendige Menschen, regen Verkehr auch noch in schmalen Gassen, aber auch Ruhe und ein tiefes Stück Vergangenheit.

Wir stellten das Auto ab und folgten unserem Führer durch eine enge Straße in ein finsteres Haus, die Treppe hoch, wohin? - in Räumlichkeiten, über und über mit kostbaren, einmaligen, seltenen, neuen und gebrauchten Dingen, mit Teppichen, Tüchern, Uhren, Möbeln und Schmuck gefüllt. Kein freies Fleckchen außer dem, wo wir empfangen werden. Man gibt uns zu verstehen, dass der Besitzer gerade nicht da ist, einen kleinen Moment nur - etwas Englisch ist schon viel. Wir bekommen Tee angeboten, den starken, in kleinen Gläsern, der nur mit viel Zucker schmeckt. Unser erster Tee in Damaskus.

Wir sehen uns um, unser Begleiter von der Tourist Information setzt sich ein wenig in die Ecke und beginnt wie schon in der Autovermietung, sich vor sich hin zu bewegen - irgend ein Rhythmus der nur in seinem Kopf zu hören ist, bewegt ihn. Ein Problem, aber kein ernstes.

Dann kommt der Chef. Wir fragen, ob er uns Geld wechseln könnte. Kein Problem. Wir sagen, was der Kurs bei der Bank war, er holt seinen Rechner - nonverbale Kommunikation - alles klar, und ich denke noch, dass er noch ein Geschäft macht, aber eben nicht so toll, dass man sich betrogen fühlt. Wir nützen uns gegenseitig, es könnte schlimmer sein.

Dann, die Taschen voller Geld, sehen wir uns alles an, probieren dies und das, fragten nach Preisen und Material. Wir kaufen Schmuck: ein Armband für Marion Deppe, für Syrien sehr edel und teuer, na, sagen wir mal: fünf Luxusessen für eine Person oder so, eine Fußkette, zwei Seidentücher für die Kinder und eine kleine Silberdose für Hannes und Petra. Diese war, bei viel weniger Masse, genauso teuer wie das Armband.

Im Rahmen dieses geschäftlichen Teils wurden wir auch darüber aufgeklärt, dass der industriell gefertigte Schmuck nach Gewicht bezahlt wird, der handgearbeitete nicht.

Mit großer Freundlichkeit wurden wir verabschiedet. Wir tauschten Adressen, machten die Wege frei für weitere Kontakte - denn immerhin gab es einen syrischen Vetter in Düsseldorf und alles ist möglich, zu schicken und ...

Unser Führer schickte immer voraus. Nachverhandlungen gehören selbstverständlich dazu, Provision. Wir fahren zurück, er empfahl uns ein anderes, ein gutes Hotel gleich in der Nähe. Al Majed.

Langsam bekamen wir die Atmosphäre zu spüren, die wir suchten. Ein Hotel, das etwas orientalisch, etwas europäisch und sehr freundlich war. Große Spiegel in der Rezeption, lang gewandete Gestalten, wartende Araber, ruhige Menschen, kleine Blicke, freundliche Gesichter und keine Zimmer frei. Nur eines im Keller, ohne Fenster. Nein. Oder doch noch eins, aber draußen rechts neben dem Hotel. Der Manager, ein charmanter, ein liebenswürdiger Mensch, der immer hilfsbereit und höflich tat, was notwendig war - und das war nicht wenig - öffnete die Tür zu einem garagengroßen Nebengebäude. Das war unser neues Zimmer. Bald, vielleicht, würden wir ein anderes bekommen können, mag sein.

Wir brachten unseren Führer zu seinem Arbeitsplatz zurück, bekamen noch ein paar Angebote für Besichtigungstouren - aber wir wollten lieber zu zweit. Dann zurück ins Alla Tower, Zimmer bezahlt und Umzug ins neue Hotel. Etwas dunkel, das neue Zimmer, weil es nur zwei kleine, hohe Fenster hatte und ein wenig kalt - es war kühl, an diesem Montag. Duschen, Siesta und Sex in Syrien. Geht hier genauso gut, wie in Deutschland.

Langsam werden wir doch etwas hungrig. Das Frühstück im alten Hotel war so dünn, wie das Zimmer ungemütlich und so erkundigten wir uns bei dem freundlichen Manager nach einem Restaurant. Denn wir waren auf der Suche nach dem Orient, auch dem von Gestern. Im Ali Baba sollten wir es bekommen.

Aber vorher liefen wir durch die Innenstadt, die fast nur von jungen Männer bevölkert war. Freundlich neugierig, sie schauen und lachen mal, und Michaela hält sich ziemlich dicht an Jürgen - aber sonst ist alles in Sicherheit.

Ali Baba ist im Keller. Oh ja, Orient hoch drei. Die Bedienung ist in Tracht - auch mit Fes, Ali Baba als große Holzfigur im Hintergrund. Wir sind, um 20 Uhr, ziemlich die ersten Gäste in dem großen Raum - hier geht das Nachtleben erst später los. Freundlich empfangen, und der Ober ist ein Mann der guten alten Schule. Er erinnert einen an die kolonialen Vorfahren, die heute von den Touristen abgelöst werden, von denen es in dieser Stadt so wenige gibt.

Wir essen reichlich und gut, und dann kommen sie, die anderen Gäste. Viele Touristen oder Westler nun doch, man sieht sie sonst kaum, aber hier mit dem Gepräge westlicher Verhaltensmuster, die im fremden Land fremd wirken - so möchte man nicht sein. Das Ganze gekrönt von einer Schar neurotisch unbewusster Spanier, denen Franco immer noch ins Blut spuckt, die in der Gruppe geschützt so bleiben können, wie sie sind, auch in Damaskus. ("Wer will Salat, Finger hoch! Eins, zwei, drei, vier, fünf, sechs, sieben. Sieben, und die anderen? Was hast Du gesagt?") So wird aus jedem Lokal der Welt "Klein Spanien" oder was auch immer. Gruppenreisen - die reine Angst fährt mit.

Rollenspiele überall: Wenn ein deutscher Familienvater sich mit dem Ober arabisch unterhält und die Mutterdrohne allein das Recht hat, Kinder zu disziplinieren - und wenn sie das nicht schafft, er den 8jährigen Sohn dermaßen kneift, dass dieser schmerzverzerrt nun artig ist. Drohend der Vater blickt, gläubig bis gleichgültig die Mutter nicht reagiert - so leicht ist man geschädigt, ein Leben lang so zu sein, wie der Vater, wo man die Gene der Großeltern in sich hat, Trauer, Kampf der Generationen.

Nachdem wir gesehen haben, wie eifrig Wasserpfeifen durch das Lokal getragen wurden, bestellen wir auch. Michaela auch? Michaela auch! - zumindest das ist den Frauen im Islam nicht verboten. Der Ober ist ganz begeistert und schleppt auch gleich zwei Wasserpfeifen ran. Mit Holzkohleglut wird der Tabak befeuert, und der lange Schlauch bewirkt, dass man inhaliert wie ein Tier. Eine der seltenen Gelegenheiten, bei der es mir vom Rauchen beinahe schlecht geworden ist.

Wir sinken in unser Bett. Im neuen Zimmer im Hotel Al Majed - es ist immer noch kalt. Wir genießen die Dusche, rücken die beiden Betten zusammen, stopfen die Ritze aus und wärmen uns zusammen auf.

Ein Traum: Ich wollte etwas Wirkliches träumen, was mir Klarheit bringen würde und träumte - in der zweiten Nacht, denke ich - dass ich in Hamburg auf Musiker traf, ähnlich wie die "Christians" es waren. Trompeter in hellgrauen Anzügen. Ich vermutete, dass sie professionelle Instrumentalisten waren, verzichtete darum auf ein Instrument. Ich sang. Auf einer mehr als belebten Kreuzung sang ich. Sie spielten dazu, jeder an einem anderen Punkt der Kreuzung. Wir konnten uns hören, aber nicht sehen. Wir spielten spontan, ohne Verabredung, jeder tat das Richtige, die Maloche war hier klar, das Vorgehen auch. Ich tanzte sang, tief befriedigt und sank am Ende außer mir auf den Boden. Heftig stöhnend wachte ich auf.

Morgens am Dienstag in die Pharmazie. Michaela, die sonst fast nur barfuss läuft, braucht nun Pflaster für ihre schuhwunden Füße. Und hier das Chaos. Wo der Apotheker das Pflaster herholt - aus dem Schaufenster? - ist schon ein Abenteuer. Aber er hat gut zu tun und verdient sein Geld mit Autorität und mittelschlechter Laune.

Die Ärzte hier machen auf großen Schildern Reklame für sich - in orientalischer und lateinischer Schrift. Wesentliches Kriterium scheint der Ort ihres Studiums zu sein - auch "West Germany" entdecke ich, aber die USA scheinen doch gängiger zu sein. Überhaupt sind die Berufsbezeichnungen in der Sippe ein Abenteuer für sich, und außer Ärzten scheint hier kaum jemand zu wohnen.

Mit welchem Gefühl geht man, als Fremder, über die Straßen. Wie in Berlin, wo man immer fremd, aber immer auch zu Hause war. Man muss sich um sich selbst kümmern, damit man sich um andere kümmern kann. Damaskus/Berlin waren immer auch Schnittstellen vieler Kulturen.

Nach einem schon viel freundlicheren Frühstück im Restaurant des Hotels, mit zwei kleinen Springbrunnen und weitem Blick über das immer noch ziemlich graue Damaskus, nehmen wir unseren Koreaner (Auto) und fahren gen Norden: Ziel Maalula. Denn um Damaskus kennenzulernen, wollen wir uns erst mal das Drumherum ansehen.

Raus aus der Stadt - gar nicht so einfach, Michaela mit der Karte auf dem Schoß, links, dann zweite rechts, oh Scheiße, war falsch, na macht nichts, dann fahren wir eben .... - raus aus dem Staub, immer flacher werdende Häuser, immer weniger Verkehr, den schnellen Bussen folgend. Und wenn wir nicht weiterwussten, dann fragten wir - ein Schwätzchen in broken English ist immer drin - und uns wurde immer freundlich, lieb und nie aggressiv weitergeholfen.

Mit diesem Gefühl finden wir den ersten kleinen Fluss, lebendig tobend zwischen mageren Bäumen, die nach der Betonwüste der Stadt überwältigend grün aussehen. Ein Ort auszuruhen, mitten in einer bergigen, staubigen Gegend, eine Familie macht Picknick an seinem Ufer. Wir stören nicht, fahren ein Stück weiter, lassen das Auto stehen und steigen hinunter. Wir setzen und ans den Bach, ein Haus mit Grundstück im Rücken, es wirkt verlassen, aber nicht ganz. Jürgen hält die Füße ins Wasser - Michaela kann leider nicht, sonst würden die Pflaster aufweichen - und erlebt ein Stück Lebensqualität.

Wir wollen uns noch ein Bild machen von diesem ersten schönen Stück syrischer Natur. Wir gehen zum Auto zurück, und als ich noch einmal hinuntersteige, um zu fotografieren, hält oben auf der leeren Straße ein Lastwagen voller Soldaten. Sie haben Michaela entdeckt, allein im Auto, lachen, schreien. Als sie mich kommen sehen, geben sie auf - Michaela hatte die Türen von innen schon verriegelt, an diesem zweiten Tag als Frau in Syrien.

Weiter geht's nach Norden. Völlig unbewachsene Berge, staubige Straßen, staubige Orte, staubige Lastwagen - und irgendwann die Straße nach Maalula. Ein Soldat an der Wegkreuzung will mit, wir lassen ihn rein. Kein Wort, nur Blicke, und irgendwann verlässt er uns wieder, nicht ohne Danke gesagt und uns den Weg gewiesen zu haben.

Mülltüten. Ins Tal hinab gefahren, erleben wir die Kultur der Mülltüten, Abertausende schweben über den Feldern, bleiben im Gestrüpp oder den jungen Pflanzen hängen - ein Bild des

Reiseführers: als ob die Mülltüten hier angebaut würden. Eine schreckliche Plage, die erst in wenigen Jahrtausenden ihr natürliches Ende finden wird.

Der starke Wind treibt am Fuß der weitentfernten Berge eine kilometerbreite gelbe Staubwolke hoch, die erst im Berg wieder Ruhe findet. Aber der Wind treibt und treibt unablässig, irgendwann wird die Mutter Erde erschöpft sein von der Hitze, von dem zehrenden Wind.

Man geht über die Straße und überall kommen uns die Männer entgegen, Hand in Hand, Arm unter Arm - Paare, denkt man und fühlt sich unwohl in den Homo-Kategorien der verdorbenen Heimat. Michaela löst das Rätsel: die Frauen sind Tabu für Blick, Gesten und Berührungen. Gleichgeschlechtlich ist viel erlaubt, wie viel wissen wir nicht, aber Hand in Hand fallen wir beide, Mann und Frau, mehr als jedes der tausendmalausend Männerpaare auf.

Die Frauen dagegen oft eingewickelt, nicht viel kann man von ihnen sehen, der Kopf ist in aller Regel von einem enggebundenen Kopftuch so eingehüllt, dass man das Gesicht, aber nicht die Haare sehen kann. Und darunter viele Gesichter, deren Unschuld mich an Nonnen erinnert, nur das diese Augen viel mehr wissen und wissen wollen, aber nicht dürfen. Entsetzlich in seiner Grausamkeit dann der klassische moslemische Tschador, der den ganzen Körper von

Kopf bis Fuß bedeckt und nur eine Öffnung für die Augen lässt: In tiefem Schwarz kommt dir ein Torso entgegen, der von einem schwarzen Stumpf gekrönt ist, unter dem der Kopf, der Mensch, sein Antlitz, sein Blick verborgen sind, auf, dass nur der Ehemann sein Vergnügen daran habe. Ein Vergnügen.

Im Maalula hängen die Häuser am Berg, Stockwerke hoch, noch höher, weil der Berg steil ist und der Platz knapp. Hier spricht man noch die Sprache, die Jesus gesprochen hat. Und wenn man ein wenig offen ist, kann man die Geschichte spüren.

Wir folgen den Empfehlungen unseres Reiseführers und fahren auf die Bergspitze zu einem Hotel, in dem gespenstisch modern einige europäisch gekleidete Gäste ihr einsames Dasein fristen, zu Preisen, die hier kaum jemand bezahlen könnte, uns aber noch niedrig erscheinen. So niedrig, dass wir hier eine Flasche Whisky kaufen, weil wir in Damaskus noch nichts Alkoholisches entdeckt hatten. Ich trinke Kaffee, und Michaela erfüllt sich ihren Traum von einem kalten Bier - syrisches, trotz Alkoholverbot für Moslems - und geht zweimal auf Klo, weil der Mangel an Büschen und Bäumen bei Überlandfahrten doch ein echtes Problem ist.

Als wir wieder ins Dorf hinab fahren wollen, treffen wir auf einen alten Mann mit seinem Enkel. Sie wollen mit. Nach kurzem Zögern halten wir, sie laufen auch schon hinter uns her, fragen, ob wir nach

Yabrond wollen - viele Kilometer weiter nach Norden. Eigentlich hatten wir uns gerade eine andere Route ausgeguckt, aber gut, fahren wir nach Yabrond, liegt auch in unserer Richtung. Wieder auf kahlen Höhen, kaum schneller als 60 km/h, versuchen wir, uns zu verständigen - aber außer Blicken und Gesten, Wortfetzen, verstehe ich nichts.

Der Alte trägt sein Palästinensertuch mit Kopfring, sein Gesicht ist gegerbt von jahrzehntelanger Sonne, sein Enkel jung und aufmerksam, beide gucken einfach gut. (Und man weiß, wie das ist, wenn man es gesehen hat, da unten in Syrien.)

Schon bald steigen sie aus, bedanken sich auch für die syrische Musik, die ich angemacht habe, als Michaela wieder einfällt, dass wir bei der Fahrt arabische Musik hören wollten und zeigen uns noch den Weg nach Yabrond.

Hinter Yabrond sehen wir Steinbrüche, in denen noch gearbeitet wird, sehen Raketen auf den Libanon gerichtet. Fahren an kilometerlangen Berghöhen entlang, schroff abfallend, als lange Linie bis zum Horizont, wo kaum ein Tourist jemals war, wir aber, kaum nach dem Weg fragend, schon herzlich zum Tee eingeladen werden.

Wir aber, wir müssen weiter, überqueren die Bergspitze und

schauen kilometerweit ins Tal, hier und da Grün, auf den nächsten kahlen Bergzug am anderen Ende der Welt. Von hier nehmen wir einen Stein mit und zwei Portionen Sand (hatte jemand bestellt, wir wissen nur nicht mehr, wer). In engen Kurven steil den Berg hinunter, wir überqueren die Autobahn und fahren weiter in die nächste Bergkette hinein. Dann finden wir endlich Annasirie, über das wir den Weg nach Süden wieder finden wollten.

Auch hier die Betonkultur, man weiß nicht, ist das Haus noch im Bau, oder ist es schon eine Ruine - spielende Kinder, schauende Menschen. Per Kompass finden wir die richtige Straße hinaus.

Und die ganze Zeit scheint die Sonne, keine Wolken, aber starker Wind auf der Ebene zwischen den Bergen, so stark, dass die gelegentlichen Radfahrer ohne zu treten sehr gut vorankommen.

Als wir genug hatten, kehrten wir zur Autobahn zurück, fahren zurück nach Damaskus. Was heißt Autobahn? Zwei parallele Straßen, durch einen tiefen Graben getrennt, das ist sie, die Autobahn.

Abends gingen wir essen. Ins Al Kamal.

Wie auf dem Berliner Kudamm sitzen wir hinter großen Scheiben an der Straße. Neben uns schlendern die Passanten vorbei, schauen rein, in die hellen Räume und sehen uns wie auf dem Teller. Und wir schauen nach draußen, essen und erleben Leben auf dem Bürgersteig.

Es ist nicht billig, aber doch auch peinlich, wenn wirklich Arme vorbeikommen - irgendwie fühlt man sich als Geldtourist - ein Gefühl, dass wir in diesem Land wirklich selten haben. Denn auch Syrer haben Geld. Etwa wenn ein äußerst wohlgenährtes Trio recht junger Männer aus dem Mercedes steigt, sich in das Lokal setzt und seine großen Bäuche pflegt.

Aber nahezu obszön erscheint es einem, wenn die neuen Daimler auftauchen, die schon bei uns unter 100.000 nicht zu haben sind. Und obwohl die Frauen als Frauen gern unterdrückt werden, müssen sie sich nicht unterdrücken lassen. Die Mischung ist auch europäisch klassisch: Wenn ein junges Paar sich setzt, dann auf Initiative des gut verpackten Mädchens mit Kopftuch, aber feinem Gesicht (was im gewissen Sinne normal-liberal dort ist), sie dann ihren Verehrer veranlasst, den Tisch mit einem anderen, besseren zu wechseln, um dann nach der Bestellung des Essens das Parterre-Restaurant ganz zu verlassen, um oben das gemeinsame Glück zu suchen. In diesen kleinen Dingen gibt der Mann wohl nach - wie wird es bei den großen sein.

Viele Geschäftsleute der mittlerer Ränge sitzen hier, auch viele

Europäer, keine Touristen.

Und die große Gruppe von Frauen, Männern und Kindern, die weiter im Inneren saß, die Kinder sehr brav, die Männer patriarchalisch und die jungen Frauen mit pausbäckigen Gesichtern unter den Kopftüchern sehr neugierig.

Und so verwundert es nicht, dass auch ein Life-Musiker an seinem Keyboard dazu außerordentlich langweilige, aber arabische Weisen spielt, die er von seinem kleinen automatischen Orchester begleiten lässt. Erst als er dann noch zu singen beginnt, rüsten wir uns für den Aufbruch, nicht ohne uns über den Mann hinter uns erregt zu haben, der in 10-Sekunden-Abständen sich lauthals räuspert, als gelte es einer in seinem Rachen umherschwirrenden Fliege die Ruhe nicht zu gönnen. Erst als seine ganze Familie nachkommt, unter ihr ein 12-jähriger Junge, ein nahezu Albinoweißer mit schlohblondem Haar und hellen Augen und starker Brille, der sich der besonderen Liebe und Aufmerksamkeit aller Familienmitglieder erfreuen darf. Das Räuspern lässt nach.

Wir überqueren die Hauptstraße immer unter Gefahr, nicht gesehen zu werden, also darum sehen zu müssen, verschwinden in einer Seitenstraße und fühlen uns im der Wiege der großen Häuser nicht fremder als im großbürgerlichen Berlin, nur wärmer.

Das war der Dienstag, und wir hatten uns schon nach zwei Tagen wie nach einer Woche gefühlt. Inzwischen war die Heimat so weit weg, dass wir kaum etwas von ihr wissen wollten. Vergangenheit.

Irgendwie hat Kultur auch etwas mit Kult und Ur zu tun.

Mitten in der Nacht wachen wir auf, es ist kurz vor zwölf, jemand klopft an die Tür. Ich frage, was los ist und bekomme keine Antwort. Wieder Klopfen, wieder nichts, und beim dritten Klopfen gehe ich an die Tür - nichts. Das Telefon klingelt - keiner dran. Etwas beunruhigt, in diesem isolierten Außenzimmer, machen wir die Tür noch etwas fester zu und rollen uns wieder zusammen.

Der Mittwoch. Am nächsten Morgen lassen wir beim Frühstück diesen salzigen Ziegenkäse weg - man wird ja klüger - und machen uns auf der Karte noch klüger. Wir wollen nach Süden.

Jürgen holt schon den Wagen vom Parkplatz, und ich will nur noch den Schlüssel abgeben, als mir der Manager erzählt, dass ein anderes Zimmer frei geworden sei. Nach den etwas unheimlichen Erlebnissen in der ausgebauten Garage, bin ich stark interessiert. Also schnell hoch und gucken - der reine Luxus: Bad, ein küchenähnlicher Vorraum und ein schönes Zimmer mit großen Fenstern. Alles klar. Nun noch kurz das andere Zimmer klar machen, so dass nur noch die Taschen ins neue Zimmer gebracht werden müssen. Ging vielleicht alles ein bisschen sehr schnell, aber Jürgen wartet draußen und hat keine Ahnung, was ich da die ganze Zeit treibe.

Immer noch haben wir unseren Leihwagen. Und wir wollen wissen wo wir sind. Fahren nach Süden. Denn im Süden Syriens versorgt ein grüner Gürtel das Land mit Obst und Gemüse. Nur, fährst Du nach Süden musst Du durch ein besonderes Stück Damaskus. Vor allem an niedrigen, umgebauten Häusern vorbei, je ärmer desto niedriger. Und hier findest Du eine unglaubliche Anzahl von Handwerksbetrieben, die jeder für sich in eine unserer Garagen passen würde. Dicht an dicht und noch enger zusammengerückt bieten sie zum Beispiel die Ware Reifenreparaturen an. Sie selber stapeln mehr oder weniger eine Unmenge abgefahrener Reifen im Hintergrund, vorne reparieren sie und jeder hat drei, vier, fünf Leute Besatzung, die trotz brechender Armut möglichst fröhlich arbeiten, Tee trinken und ihr Geschäft betreiben. Zehn, zwanzig solcher Betriebe nebeneinander, dann kommen die Motorreparateure, die Schweißer, eng zusammen, aber zusammen. Hier einen Photoapparat zu ziehen um das unglaubliche Bild festzuhalten, wäre eine Beleidigung für die, die so leben.

Wir fahren vorbei, mit offenen Augen und kommen in das fürchterlichste Verkehrschaos. Ein Kreisverkehr stoppt im Umkreis von Kilometern jegliches Vorankommen. Zusammengepresst zwischen riesigen Bussen, gelben Taxis, kostbaren Daimlern und knatternden Zweirädern hocken wir und warten auf den nächsten Zentimeter, den es vorangeht. Einige Busfahrgäste steigen lieber mitten auf der Kreuzung aus - es geht jetzt schneller zu Fuß. Das Prinzip ist eigentlich ganz einfach: Wer auch nur einen Zentimeter näher an dem Punkt jedes Vorankommens ist, hat Vorfahrt. Der andere wartet, hupt, resigniert, hupt, fährt und weiß, am Ende seines Leben wird er auch dieses Chaos überwunden haben. Und wenn alle so denken, dann gibt es sogar in einem Kreisverkehr ein Lächeln, eine gemeinsame Handbewegung, Verständnis und eine Art Friede, wie er dem europäischen Straßenverkehr nie gegeben ist.

Und irgendwann ist es soweit. Wir können die abgasgeschwängerte Luft - so also riecht Kohlendioxyd - hinter uns lassen und uns auf breiter, löcheriger Ausfallstraße gen Süden schlagen, auf der Suche nach der Autobahn. Wir finden sie spät in einer weiteren Vorstadt und machen an der nächsten Mini-Raststätte eine kleine Pause. Dort werden wir, die Exoten, die Ausländer, von denen erwartet, die wir Exoten, Ausländer nennen. Hier sind sie in der Überzahl, wir sind ihnen ausgeliefert, und Du hast keine andere Chance, als Verbindung mit ihnen aufzunehmen, sie anzusehen, mit ihnen zu sprechen, ihr Angebot abzuwägen und ihnen auf die Schulter zu klopfen, auch mal übers Haar zu streichen, sie als Menschen zu sehen, damit sie Dich als Menschen sehen können. Schon der Kauf einer Flasche Wasser oder einer köstlichen Apfelsine wird zu einem Erlebnis, das man nicht vergessen sollte.

So nimmt Jürgen die Wasserflaschen und die Apfelsinen und lässt sich mit einigem Palaver einen Preis sagen. Er ruft ihn zu mir rüber - inzwischen bin ich der Währungsfachmann - ich sage ok. (auch in Syrien ist es an Tankstellen teurer als im Laden).

"Sie sagt, es ist ok.," sagt er zu den Jungs, und sie lachen und klopfen ihm auf die Schulter. So ein bisschen menschliche Nähe hätte ich auch manchmal gern gehabt.

Hinter uns lassen wir die Umgebung von Damaskus, die hohen Berge, deren Gipfel im Schnee glänzen, deren Formen eine Weichheit und Ruhe ausstrahlen, die viel mit den Menschen zu haben, die zu ihren Füßen leben.

Und dann wird es immer heißer auf der Autobahn. Wir fahren nach Süden. Und bis zum Horizont erstreckt sich die Weite und das ungewohnte Grün. Über hundert Kilometer geht es so, wir gewöhnen uns daran, dass die Autobahn von allen benutzt wird: Trecker, Radfahrer, Fußgänger fahren hier und wenn es sein muss, dann auch in entgegengesetzter Richtung. Rast machen wir unter einer Autobahnbrücke, die uns den Schatten spendet, den wir brauchen. Und dann runter von der Autobahn, in Richtung Basra, staubige ungepflegte Straßen entlang, niedrige Häuser und mit großartigen gelben Steinen erbaute mehrstöckige Villen. Es fehlen jegliche Bäume, die Hitze ist groß, kleine Gruppen stehen am Straßenrand, meist Kinder, Jugendliche, Jungens. Dann wird die Straße zur Landstraße, es ist alles so weit, die Berge schon lange vergangen, an einer Abzweigung zum nächsten Dorf sitzt ein alter Mann im Burnus, ruhig wartend auf den nächsten Bus, das nächste Auto, das ihn zum Dorf in der nächsten Senke, wohl fünf Kilometer weit, bringen soll.

Und wenn Du jetzt grüßend und schauend die Hand hebst im Vorbeifahren, hebt er auch die Hand und schaut genau, wie Du schaust. Das heißt freundlich. Was für ein schönes Echo Deiner eigenen Gefühle.

Und dann Basra. Von in schwarzen Basalt gebauten Häusern sprach der Reiseführer, von einer Burg und ähnlichem - uns war es egal, wir wollten ja nur mal in den Süden des Landes hineinschauen. Und der alte Stadtkern, von einem riesigen Tor begrenzt, zeigt uns, was es heißt, hier schon mehrere Jahrtausende so zu stehen. Unbeeindruckt von der Gegenwart leben die Menschen unter der Botschaft vergangener Epochen, aber sie kennen es kaum anders, auch wenn in diesem Moment zwei riesige Busse fremdartige Wesen ausspucken, die mit Photoapparaten und Wissen bewaffnet sich den Weg zur Seele dieses Moments zu bahnen. Wir steigen alte Stufen hinauf, gehen durch Straßen, auf Steinen, die schon die Römer unter sich hatten und kommen an ein riesiges Gemäuer, das hoch über uns nur einige Schießscharten frei lässt. Alles basaltdunkel, die Steine Stück für Stück mit der Hand gehauen und dreißig vierzig Meter hoch aneinandergetürmt. Eine Art Burg, wir umrunden sie in ihrem Burggraben und werden nur von den schon lange zerbrochenen Scheinwerfern und einer Unmenge Müll gestört.

Ein Junge lässt da unten seine Schaf- und Ziegenherde weiden. Die Ziegen sind sehr zäh. Sehen witzig aus. Und oben auf der Brücke zur Burg ruhen die Reste des Touristenschwarms. Hinein in diese schwarze Burg sind wir augenblicklich in einem feuchtkalten Gemäuer gefangen, dunkel, einsam, dahinten verschwindet eine Gestalt um die Ecke. Sollte der Geist der Finsternis über uns kommen, wir wären augenblicklich verloren. Wir tasten uns im schummrigen Licht vorwärts, schauen durch riesige Bögen in Nischen, wo die Soldaten gelagert haben. Die Einwohner, wenn sie sich in die oft umkämpfte Burg zurückziehen mussten, sehen in freien Höfen griechische, gebrochene Säulen und kommen auf einen hoch gelegenen Innenhof, in dem nun ein einsamer Wärter es sich auf den kahlen Stufen bequem gemacht hat. Und die ganze

Zeit, wer weiß woher, hören wir vielfältiges Kinderlachen. Und als wir ihm durch weitere Gänge nachgehen, öffnet sich vor uns ein riesiges Halbrund, eine Arena, ein Amphitheater aus reinem Stein, gebaut für 30.000 Menschen, die tief unten auf der Bühne Theater sehen dürfen.

So steil steigen die Sitzreihen abwärts, dass Michaela Probleme mit Höhenangst bekommt. Aber nun werden die meterhohen Stufen von einer Schulklasse überklettert - dort, wo es besonders schwierig ist. Und dort im ersten Rang, von wo man die beste Sicht auf die wohl vierzig Meter breite Bühne hat, die von hohen Säulen eingerahmt ist, sind sogar Rückenlehnen in den Stein gehauen. Ganz unten wird die Bühne von hohen Gängen eingerahmt, in denen sich die Schauspieler auf ihren Auftritt vorbereitet haben und ohne gesehen zu werden, von einer Bühnenseite auf die andere wechseln konnten.

Um von diesem Theater wieder hinaus zu kommen, bedarf es schon einiger Suche.Keine Tafeln oder Hinweise verunzieren die riesigen Gänge durch die Burg. Als wir es dann geschafft haben, sind Michaelas Füße blutig gelaufen und ich mache mich allein auf den Weg, unser Auto von der Stadtgrenze zu holen. Vorbei an dem deutschen Ehepaar, dessen Frau unablässig von den Möglichkeiten und Unmöglichkeiten, von der Historie und Zukunft dieses Platzes zu erzählen weiß, vom Hingehen, Hinsehen,

Machen, Tun, Denken. Nie verebbt dieser Redefluss.

Und dann ein Zeitsprung: Die lange gerade Straße, basaltgedeckt, ganz hinten vom Tor überkränzt, durchwandert ein alter Mann im Burnus das Tor, langsam wie mit dem stillstehenden Leben dieser Zeit verwachsen. Die Hitze dröhnt, und mit spannungsgeladenem Schritt gehe ich auf das Tor zu. Spielende Kindern auf der Straße winken mir zu, ich grüße zurück. Sie begleiten mich ein kurzes Stück.

Und dann kommt das Bild von Michelangelo auf mich zu, der Maria gemalt hat, im weiten roten Umhang, ihr Kind Jesu im Arm, neben ihr ihre Mutter, schwarz eingemummt in vielfältige Stoffe, in einer Harmonie und Schönheit, wie sie nur der Maler verewigen konnte. Ich bin versucht, den Photoapparat herauszuholen, sie, das Bild festzuhalten, ich wage es nicht, wir gehen aneinander vorbei, wir schauen uns an, ich kann es immer noch nicht glauben. Das ist das Bild, ganz gewiss, ich drehe mich um, und in diesem Moment schaut auch sie zurück, und erst als wir weit voneinander entfernt sind, fotografiere ich dieses Bild von hinten - vorbei.

Während Jürgen das Auto holt setze ich mich auf den Rand der Brüstung des Torwegs, rauche eine Zigarette. Einige Touristen sitzen hier auch, im Schatten der Burgmauer. Ein kleiner Junge bietet Getränke zum Verkauf an, kommt auch zu mir. Mit Minimal-

Englisch verständigen wir uns, dass ich kein Geld in der Tasche habe - vielleicht tue ich ihm ein bisschen leid. Er macht seine Runde, und als er durch ist, setzt er sich neben mich. Er bewundert mein Feuerzeug: schwarz-blaues Gepardenmuster (das habe ich Lena vor kurzem abgenommen) und möchte es mir abkaufen. Ich will nicht, sonst habe ich kein Feuer mehr, und das kann er auch verstehen. So kommen wir zum Smalltalk. Wie ich heiße? Oh, also er heißt Mija. Das ist schon mal gut. Ob ich Kinder habe? Ja, drei! Und was, und wie? Drei Töchter, Sarah, Lena, Anna. Oh. Ich glaube, ich tue ihm wieder ein bisschen leid. Wir erzählen weiter, und dann bietet er mir ein Getränk an. Ich sage, "Nein, ich habe kein Geld", aber das weiß er schon, es ist ein Geschenk. Ich nehme es an und schlürfe ein Himbeergetränk mit Strohhalm aus einem dreieckigen Pappbehälter.

Nun kommt ein Jugendlicher auf einem Fahrrad vorbei, die beiden fangen ein Gespräch an.

Plötzlich taucht ein auffallend gut gekleideter Mann auf - gebügeltes hellblaues Hemd, gebügelte, dunkelblaue Hose und spricht die Jungs an. Beide bleiben freundlich, werden aber seltsam steif, und ich sehe erst jetzt die Pistolentasche am Hosenbund. Die Jungs verkrümeln sich.

Meine Zigarette ist noch nicht zu Ende und der Polizist noch nicht ganz um die Ecke, da ist Mija schon wieder da. Wir unterhalten uns weiter, und er fragt, ob er das Feuerzeug noch einmal ansehen dürfte. Was es denn kosten würde in Syrischen Pfund? Ich sage es ihm (so etwa ein oberklassiges Abendessen). Wo denn mein Mann sei? Und ob wir mit den Reisebussen gekommen seien? Er will mir das Feuerzeug wiedergeben, doch jetzt ist es Zeit für mich zu schenken. Er bietet mir noch ein paar touristische Führungen an, ich bitte ihn noch einmal um Feuer, und dann kommt Jürgen mit dem Wagen.

Zurück fahren wir recht schnell nach Damaskus. Unser Kofferraumdeckel öffnet sich seit einiger Zeit nach größeren Straßenschäden von selbst und lässt sich manchmal mit einem bisschen mechanischem Gefummel, manchmal aber auch nur noch mit einem Stück Schnur, schließen.

Ich fahre auf der Autobahn zurück, kurz vor der Stadt übernimmt wieder Jürgen. Die Straßen haben sich geleert, und wir sind schneller in unserem Hotel, als wir gehofft haben. Zufrieden essen wir die Mahlzeit des Tages auf unserem neuen Zimmer - genug gesehen, genug gelebt, für heute.

Donnerstag.

Am nächsten Tag bin ich krank, erkältet, liege auf dem Bett, die

Augen dick, das Hirn geschwollen, und beim Frühstück geht es mir so schlecht, dass Jürgen alleine Geldwechseln gehen soll.

Nachdem sie bis unter die Ohren mit Aspirin voll ist, genießt Michaela das Wunder der Chemie. Wir bringen den Wagen zurück - bis 14 Uhr -, versorgen uns mit Getränken und Nüssen. Wir lassen uns Kaffee - Nescafé mit heißer Milch - aufs Zimmer bringen, der reine Luxus. So ruhen wir uns aus, der Tag nur unterbrochen von gelegentlichen Ausflügen zur naheliegenden Hauptstraße.

Wir genießen die einzige Kulturleistung dieser Stadt, die die Technik hervorgebracht hat: riesige Ventilatoren in den Zimmern sorgen für einen ständigen Wind der Kühle, lassen uns klar denken, lesen, faulenzen und aus dem Fenster sehen über die chaotischen Dächer der nahen, allzu nahen Häuser. Essen wieder im Zimmer, und irgendwann endet dann auch dieser Tag mit den Rufen der Hunderten von Muezzin, die lautsprecherverstärkt ihren Ruf über die ganze Stadt hallen lassen, jeder auf seine Art, in seiner Tonlage, alle preisend und mahnend, ein großer, schwebender, auf- und abschwellender Ton über der großen Stadt. Du bist in Damaskus und liest ein Buch über irgendwas, aber Du bist in Damaskus.

Freitag.

Am nächsten Tag rafft sich Michaela auf: "Lass uns heute die Stadt ansehen." Die Altstadt wird von hohen Mauern eingerahmt und durch eine kleine Lücke, hinter der das Leben alles bereithält, was es in dieser Stadt für uns gibt: Menschen, Menschen, Geschmeide, Kleider, Schmuck und Töpfe, Schuhe und Brot, Instrumente und Lebensmittel, alles, alles, alles. Es ist der große Basar, überdacht, dunkel, Tausende von Menschen auf diesen wohl tausend Meter langen dunklen, überdachten Straßen, Geschäft an Geschäft, Menschen sprechen Dich an, wollen Dir zeigen, widerstrebend lässt Du Dich in Läden hineinziehen, verhandelst, verneinst und gehst, der nächste wartet schon auf dich, sei nicht böse, wer böse ist, hat Schuld. Und der, den Du vertröstet hast, spricht dich beim Zurückkommen bestimmt wieder an.

Am Ende des Basars schauen wir in den Innenhof einer riesigen Moschee, kostbar und harmonisch geordnet, einige Menschen wandern herum. Du aber darfst nicht, denn Du bist Tourist, musst einen anderen Eingang wählen, gehst um das Gebäude herum an dessen Mauer alte Häuser kleben, mit staubbedeckten Scheiben hinter denen immer noch einer wohnt, kommst zum Eingang, der für Dich gedacht ist und sollst gezwungen werden, etwas Bestimmtes anzuziehen, dass Dich als Frau zu einem minderwertigen Wesen macht. Nein, nein, nein.

So gehen wir weiter, kommen in dunkle, enge Gassen, die kaum zwei Meter breit sind, der Himmel ist kaum zu sehen, die Sonne strahlt, nur wenige Strahlen finden den Boden, sehen hier Menschen leben, arbeiten, umhergehen, hupend bahnt sich ein Auto den Weg in dunklere Flure, die man kaum noch Straßen nennen kann. Immer tiefer kommen wir, leichtes Beklemmen, wer wird uns jetzt überfallen, aber ein freundlicher Blick von dem Alten am Straßenrand, ein freundlicher Gruß zurück, er hebt die Hand, Du hebst die Hand, als wenn ihr Euch kennen würdet, und ihr erkennt Euch, vielleicht habt ihr Euch vor Jahrhunderten schon an anderer Stelle begrüßt.

Weiter geht es, ein Rauschen wird immer stärker, die Sonne scheint auf einen Platz, auf der einen Seite schreckliche Industriegebäude, auf der anderen Seite eine Mauer. Du schaust hinüber und entdeckst inmitten dieser Wüste aus Steinen, Häusern, Sand und Staub einen tiefen, wohl fünf Meter breiten Fluss, der sich mit ganzer Kraft zwischen den nahen Häuserwänden durch die Altstadt schießt. An seinem Ufer hängen die Häuser noch über ihn, sie scheinen einzustürzen in ihrer Schiefe, die Fenster hängen kaum noch in den Angeln. Ein Baum ragt aus dem Wasser, die feuchte Luft tut gut, an einer Terrasse schlängelt sich eine Ratte zwischen den Steinen, über allem liegt ein etwas modriger Geruch. Als wir genug haben, gehen wir hinein in das Dunkle und finden eine Straße hinaus in die Neustadt, die uns mit dem Gebrüll und dem unablässigen Gehupe der tausend mal tausend Autos empfängt.

Langsam gehen wir zurück zum Hotel, nehmen unterwegs noch was zum Trinken mit. Wir lassen uns Kaffee kommen und genießen den Luxus einer Dusche in dieser staubigen Stadt. Fenster und Vorhänge zu, Ventilator an - wir können gut verstehen, dass hier in der Mittagszeit nicht viel los ist. So passen wir uns an und halten Siesta.

Wieder lassen wir uns das Essen aufs Zimmer kommen. Wir haben genug gesehen. Einfach rumliegen und lesen. Und dann vielleicht auch noch einmal den Fernseher anmachen, um durch die beiden völlig irren Programme der Syrer zu zappen. Im Ersten finden wir nur noch lobende Hymnen über Assad, über die Industrie, über Assad, über das Gesundheitswesen, über Assad... man weiß, wo es hinführt. Und doch ist die Regierung stabil und in dem völlig unübersichtlichen Nahost-Konflikt spielt sie auf der arabischen Seite die Schlüsselrolle. Aber die Gedankenfetzen auf dem Ersten wirken kommunikationstaktisch allein durch Penetration - Lust ist nicht dabei. Unglaublich wie zigtausend Leute rhythmisch einwandfrei ihn beklatschen - die müssen! das geübt haben - und er dazu sich hinstellt und keine, wirklich keine Miene verzeiht, nein, noch weniger tut, als keine Miene zu verziehen, sondern es im Gegenteil mit der Brille von George Smiley (Assad nennt mindestens acht Geheimdienste sein eigen, die sich mit Sicherheit

gegenseitig kontrollieren) und dem Gesichtsausdruck eines
Oberbuchhalters über sich ergehen lässt. Schade. Ja, es ist
George Smiley in seinen dunkelsten Stunden.

Auf dem anderen Programm läuft derweil entweder eine
amerikanische Serie a la Daktarie mit arabischen Untertiteln oder
eine quälende einheimische Familiensaga, in der der Held wie
Charlton Heston mit Schnauzer aussieht - bei der man sich
unversehens dabei ertappen muss, wie man in Syrien fernsieht,
wie eine Syrische Familie fernsieht. Um nicht völlig wahnsinnig zu
werden, schaltet man ab. Und so sind wir froh, zu lesen dabei zu
haben, was man schon immer lesen wollte, aber nie dazu kam -
und jetzt nichts andres dabeihat. Fünf Bücher habe ich in dieser
Zeit geschafft. Europäische.

Eigenartig. Wir waren eigentlich fertig mit der Stadt. Alles
Dringende war erledigt, alles Weitere hätte vierzehn Tage gedauert.
So blieb uns eigentlich nur Zeit, hinter uns aufzuräumen, also das
zu tun, was noch nicht gründlich getan worden war.

Zum Beispiel auf den Händlermarkt zu gehen, wo alte
Handwerkstechniken zelebriert wurden. Nun hat es sich als großer
Innenhof mit angrenzenden Gang entpuppt, indem viel verkauft,
aber weniger gezeigt wird. Aber doch hier und da malt einer in
großen Schwüngen Ornamente auf Holz, oder es schnitzt einer.

Nun gut, die Katzen, eine sehr interessante Mischung aus Normalos und Persern, waren eigentlich faszinierender.

Um Mittags hierhin zu gehen bedarf einer besonderen Willenskraft, um gegen die immer stärker werdende Hitze sich behaupten zu können. In Wirklichkeit waren wir wohl auch nur ein wenig erschöpft und der brüllende, schreiende Motor am Rand der kleinen Straße macht den Aufenthalt in dem Innenhof nicht leichter. Aber was willst Du machen, wenn die Regierung zwei oder drei Stunden am Tag einfach den Strom abstellt, und alle, die davon abhängig sind, müssen sich mit einem kleinen oder großen oder in diesem Fall riesigen benzingetriebenen Generator selbst behelfen. Das Benzin für diese kostspielige Energieumwandlung beziehen die Syrer aus Iran, dem sie im Krieg geholfen hatten.

Wir kaufen einen emaillierten Armreif für Lena und ein Armband für Anna, setzen uns in den Innenhof zum Pause machen. Schöne Katzen laufen hier herum, sie sehen aus wie kleine etwas kurzhaarige Perser - das ist auch nötig, weil diese Tiere bestimmt nicht von ihren Besitzern gebürstet werden, falls sie überhaupt welche haben. Und dann kommt der Chef des Ganzen, ein unglaublich hässlicher Kater, beide Ohren kaputt, schmutzigweiß und voller Narben. Alle anderen machen mehr oder weniger schnell Platz, als er auf eine Ecke im Hof zugeht, in der Futterschüsseln stehen. Während wir das Ganze noch beobachten, kommt eine

Frau mit einer Tasche auf den Hof. Nun kann man sehen, wie viele Katzen hier wirklich wohnen - aus allen Ecken kommen sie an, um ihre Freundin zu begrüßen und sich über die mitgebrachten Essensreste herzumachen.

Ein Telegramm will ich noch aufgeben. Wie im Jahre 1930 fühlt man sich, wenn man das alte Telegrafenamt von Damaskus betritt. Viele geschlossene Schalter, an einem anderen drängen sich die Kunden und der Telegrammschalter ist von nur ein, zwei Menschen belegt.

Der Schalterbeamte ist ein Schalterbeamter, so braucht er zur Erledigung auch einfacher Dinge mindestens doppelt soviel Zeit wie nötig. Auch hat er zu wenig Geld zum Wechseln, mit resignierender Gestik holt er den Kasten auf den Tresen, in dem sich Schlüssel, Kleingeld und etliche Briefmarken befinden. Ich kann ihm helfen, und bin darum, als ich selber drankomme, seiner besonderen Aufmerksamkeit gewiss. Mein Telegramm zum Beispiel kann er nicht so gut lesen, also schreibt er es noch einmal selber ab, ich muss ihm Buchstabe für Buchstabe erklären, diktieren - es dauert, aber es macht nichts, im Gegenteil, wir kommen uns recht nah in dieser langen Zeit. Nur als es um die Formalitäten geht, da fehlt mir der Pass, der dieses kleine Geschäft gesetzlich beschließen muss. Und so verabschiedet er mich und vertröstet mich auf den nächsten Tag, an dem er mich mit besonderen

Herzlichkeit als "My Friend" begrüßt.

An diesem nächsten Tag, ich glaube es war der Samstag, wollen wir uns den Basar noch ein zweitesmal ansehen, noch etwas tiefer in die Altstadt. So gehe ich mit Jürgen das Telegramm nach Hause schicken, ein Lebenszeichen für den Rest der Welt. Ich habe mich langsam daran gewöhnt, von allen angesehen zu werden, ohne mich dadurch unwohl zu fühlen und denke, dass es für einen Afrikaner bei uns zu Hause bestimmt nicht anders ist.

Immer vertrauter wird die Stadt, das Fremdartige könnte schon mit der entsprechenden Haltung verdrängt werden, ich aber zwinge mich immer noch, alles was ich sehe, zum ersten Male zu sehen, immer wieder. Darum gehen wir auch in den Bahnhof, einen klassizistischen Prachtbau, dessen Innenwände mit den kostbarsten Holzarbeiten geschmückt sind. Nur dass an seinem Eingang ein Posten mit geladenem Gewehr vor sich hindämmert. Die schöne Bahnhofshalle völlig leer, da liegt noch jemand auf der Bank, das ist schon alles, und draußen bei den Gleisen, dort, wo eigentlich der internationale Reiseverkehr toben sollte, herrscht eine so gespenstische Stille, dass man versucht ist, an sich verzweifeln, statt an den fünf uralten Güterzügen, die seit Ewigkeiten dort stehen und nicht verrückt werden. An dem einzigen

Gleis das frei ist und doch wohl befahren wird. Ein Rätsel, was wir nie lösen konnten, aber um so schöner fanden, so schön wie diesen alten schönen Bahnhof.

Die Hitze ist trocken und staubig, kein Schweißtropfen bleibt an Dir hängen, der Durst allgegenwärtig. Überall in der Stadt findet man Wasserbrunnen, an denen die Kinder und Erwachsenen hängen, um ihren Durst zu stillen. Ich tue es, Michaela nicht (weil es hier keine öffentlichen Klos gibt), und andere Leute würden es auch nie tun, ohne sich vorher eine Spritze gegen irgendetwas geben zu lassen.

Man kann auch an jeder Straßenecke zu jeder Tag- und Nachtzeit Wasser mit und ohne Geschmack kaufen. Gut. Aber das Allerbeste, was mir in diesen Zeiten über den Gaumen gelaufen ist, ist frisch gepresster Orangensaft, der die durstige Kehle herunterrinnt, gleichzeitig sauer und süß mit prächtigen Fruchtfleischresten, ein halber Liter, den Du schlürft und genießt, als ob es reines Gold wär - aber es ist viel mehr.

Also noch einmal in die Altstadt, diesmal auch zum Fotografieren. Das Taxi lädt uns vor dem Souk ab, wir müssen noch einmal durch die enge, dunkle Straße, in der die vielen Jungs stören, die einen zum kaufen, anschauen einladen.

Aber inzwischen sind auch wir etwas abgebrühter, eine Eigenschaft die durchaus wahrgenommen wird, entsprechend weniger werden wir belästigt. So haben wir mehr Freiheit zu schauen ohne zur Rechnung gebeten zu werden.

Bei einem Bäcker zum Beispiel, der Fladenbrot verkauft. Hinten am offenen Feuer sehen wir Jungens hart arbeiten, vorne verkauft der Chef. Wir schauen nach hinten und werden sogleich freundlich hinein gewunken, ja, ja kommt schon, kommt schon. Zögernd setzen wir die Füße über die Schwelle und sind mittendrin in einer Arbeit, die kein Europäer mehr ertragen würde Aber sie freuen sich über die Abwechslung und ganz genau erklären sie uns die Arbeitsabläufe; der Teig mit einer großen Maschine geknetet, eine andere zerschneidet den schweren Teig in handliche Klopse, so wird dann Klops für Klops in eine Maschine geworfen, die daraus breite Fladen macht, die dann, getrennt von Tüchern übereinander gestapelt dem Mann am Ofen rübergereicht werden, der sie dann mit einer langen Holzschaufel in das Feuer schiebt. Und liegen die flachen Fladen im Ofen, beginnen sie zu wachsen, zu leben, sich aufzublasen, wie große Kissen sehen sie aus und werden so zum Verkauf angeboten. Wir bekommen auch eines geschenkt und eine ganze Zeit albern und lachen die vier Jungens über sich, über uns und überhaupt. Auch der Meister fordert immer wieder zum Hinschauen auf, damit wir nicht vergessen: die Helden der Arbeit, die sind hier.

Wir verabschieden uns mit vielen Grüßen und großem Hallo, fotografieren im Halbdunkel - den Film möchte ich sehen, der das begreift.

So wandern wir weiter tief in die Altstadt hinein, merken uns den Stand der Sonne, dass wir je wieder herausfinden und kaufen für Michaela ein Halsband aus Perlen, dass ihr mit großer Sorgfalt und Höflichkeit direkt angemessen wird. Die Sonne sticht herab, der Helfer des Budenjuweliers greift zur Wasserflasche, ein Fremder kommt vorbei mit seinem kleinen Bruder, bittet um einen Schluck Wasser, und ohne fragenden Blick bekommt er es gereicht. Die beiden trinken, sagen leise Danke und trollen sich. Was für eine Selbstverständlichkeit.

In der Nähe der Moschee kommt uns ein älterer Mann mit zwei Frauen entgegen. Er lächelt uns an, sagt etwas zu Jürgen und klopft mir im Vorübergehen auf die Schulter und wir sehen uns gegenseitig lachen nach. So ist man als Fremder für jede Freundlichkeit dankbar.

Nach einem solchen Spaziergang bist Du froh auf dem Rückweg bei einem Teehändler vorbeizukommen, der, mit seinem Samowarähnlichen Gebilde auf einem kleinen Tisch, mitten am

Rand der Straße steht und schweren, süßen Tee anbietet. Kaum sieht er Michaela, vertreibt einen Gast von seinem einzigen Hocker und holt einen anderen Sitzplatz hervor. Wir dürfen sitzen, sind seine Ehrengäste und können in aller Ruhe, während wir den süßen, süßen Tee in uns hineinschlürfen, seine anderen Gäste betrachten. Er steht auf seinem einem, seinem letzten Bein und ist immer freundlich, sogar wenn er die drei, vier Jungs wegjagt, die auf eine milde Gabe oder ein gutes Geschäft mit uns hoffen. Das sind die Augenblicke, wo wir uns zu Hause in Damaskus fühlen, menschlich.

Abends werden wir von dumpfen Granatenschlägen oder einem Feuerwerk irritiert. Oben im Restaurant führt einen Leiter aufs Dach. Als niemand hinsieht, klettern wir durch eine Luke hoch oben auf das Dach des Hotels. Und dort trifft uns ein Bild von unglaublicher Schönheit. Hier neben dem Schornstein, der böse und heiß qualmt blicken wir auf ein Lichtermeer, mehr, mehr, die Berge um uns herum sind völlig bedeckt von den Lampen der Straßen, der Wohnzimmer, tausende, hunderttausende, dicht an dicht, hoch den Berg hinauf. Das ganze wird heute von einem Feuerwerk gekrönt, das auf der Spitze des Berges abgebrannt wird. Licht, Licht, Licht im Dunkel. Nur der Schornsteinrauch, der uns heiß und giftig umweht, verhindert, dass wir lange oben bleibe. Und so schwöre ich mir, am letzten Abend von diesem Berg auf

Damaskus hinunterzuschauen. Als wir wieder runter klettern, werden wir von den Kellnern erwischt, die sich feixend über uns Ausländer amüsieren.

So lassen wir satt und zufrieden den Tag in unserem schönen ruhigen Zimmer inklusive Service zu Ende gehen.

Unser letzter Tag in Damaskus. Wir wollen noch einmal die Umgebung des Handwerkerviertels ansehen. Außerdem ist so einiges zu regeln - unser Flug zurück geht um sieben Uhr morgens, so dass wir die Hotelrechnung schon heute bezahlen müssen. Das heißt, ein letztes mal Geld wechseln und zwar möglichst so, dass nicht viel übrig bleibt.

Beim Frühstück weiß der Kellner inzwischen schon, was wir wollen, und wir verabschieden uns mit einem angemessenen Trinkgeld - hoffe ich jedenfalls. Wir machen uns auf in die Stadt, nachdem wir uns an der Rezeption nach der Rechnung erkundigt haben. Inzwischen kennen wir uns aus in Damaskus, wissen, dass wir weder verhungern noch verloren gehen werden, und umgebracht wird man in Berlin bestimmt schneller.

Wir erledigen, was zu erledigen ist, und nach einem ruhigen

Nachmittag zahlen wir die Hotelrechnung, hinterlassen für den beinahe unsichtbaren Mann, der unser Zimmer immer spurlos aufgeräumt hat ein Trinkgeld und bitten, uns morgens um halb fünf zu wecken. Wir verabschieden uns von unserem Freund an der Rezeption, der uns komische Typen so gut ausgehalten hat, und er freut sich noch mal für uns und auch für sich, dass wir unsere Travellerschecks nicht in dem alten Zimmer verloren haben.

Einmal wollen wir noch essen gehen, wir suchen nach einem ganz bestimmten Lokal, in dem man auch Bier bekommen soll, mein Traum - und Jürgens Traum soll auch noch erfüllt werden. So machen wir uns auf die Suche und finden schließlich auch das Gebäude, aber es ist ziemlich düster, und das, was wohl mal ein Restaurant war ist eindeutig dunkel. wir gehen um das Haus herum und erleben noch die vollkommene Überraschung eines Schmuckhändlers, der uns - nachdem wir uns als Deutsche zu erkennen gegeben haben, mit deutschen, bayrischen Worten, Sätzen und Überzeugungen überfällt, uns hereinbittet in seinen kleinen Laden, und so begeistert von uns ist, dass wir seinen Beteuerungen glauben, dass er eigentlich alles verschenke. Erst viel, viel später wagten wir diese Freude auch nachzurechnen - er war kein Deut billiger als alle anderen, nur überzeugender. Aber ein Spaß war es doch.

Nur eine, eine Begebenheit trübt unser schönes Leben dort. Denn

Michaela ist eine Liebhaberin des Bieres, von dem es in Damaskus nur wenig gibt. Aber in dem Cham Hotel, einer Empfehlung unseres Schmuckhändlers, einem riesigen Komplex in der Stadtmitte. Im ersten Stock, sollten es wir uns bei einem Salat gut gehen lassen - mit Bier. Dort residieren all die Menschen, die es sich leisten müssen Abstand zu den Gemeinheiten des Lebens zu halten, ich habe sie nie auf der Straße gesehen, obwohl es doch viele sind. Nun gut, lassen wir sie in ihrer Enklave, denn als wir zahlen wollen berechnet man uns nach einem Salat, das volle Menu. Es bedurfte schon einigen Ärgers und Anstrengung diese Forderungen herunterzuschrauben (ganz davon abgesehen, dass unser sorgfältig kalkuliertes syrisches Geld dafür gar nicht mehr gereicht hätte), aber wir waren uns einig, das ist nicht Damaskus. Das ist eine andere Welt.

Auf dem Rückweg zum Hotel treffen wir einen Taxifahrer, den wir schon kennen, und versuchen mit ihm einen Preis für die Fahrt auf Jürgens Berg auszuhandeln. Gar nicht so einfach, die Kollegen versuchen den Preis hochzutreiben, bis er mit uns an die Seite geht und wir uns einigen können.

Damaskus ist die Stadt, die wir von der Höhe des Berges sahen, an unserem letzten Abend. In einer langen Taxifahrt auf die Spitze in abenteuerlichen Serpentinen gelangen wir auf den Weg, der von vielen Besuchern genossen wird, denn Hunderte von Metern über der Stadt schauen wir auf die Metropole unter uns. Bis zum Horizont ein Meer von Lichtern, etwas Musik aus dem Auto und überall stehen Menschen und schauen auf die Stadt, die nun wieder unbegreiflich und unbegreiflich schön zu unseren Füßen liegt.

Halb fünf Uhr morgens in Damaskus. Die letzten Sachen einpacken. Duschen. Ist alles da?

Wir haben uns mit dem Taxifahrer von gestern verabredet, dass er uns abholen soll, und wir drei treffen uns müde, aber pünktlich an der Tür. Die Nachtschicht des Hotelpersonals liegt schlafend auf den Bänken in der Hotelhalle - wir können sie sehr gut verstehen.

Müde und nicht sehr gesprächig fahren wir durch die erwachende Stadt. Die ersten Händler sind mit ihren Karren auf dem Weg zu ihren Plätzen, Katzen durchstöbern die Müllsäcke, es wird langsam hell. Dann noch eine halbe Stunde Autobahn und wir sind beim Flughafen. Hier stehen die Leute schon Schlange vor der Tür und warten darauf eingelassen zu werden. Als wir aussteigen stehen schon drei Kofferträger da, um unser Gepäck auszuladen, und bevor wir uns wehren können, schnappt sich einer Jürgens und meine Tasche, stellt sie auf einen Wagen und stellt das Ganze vor die Tür. Der Fehler war nur leider, dass ich kein Geld mehr hatte, um sie zu bezahlen, denn ich hatte den ganzen Rest dem Taxifahrer als Trinkgeld gegeben. Viel Trara, enttäuschte Gesichter und etwas Peinlichkeit bei uns - an so etwas hatte ich leider nicht mehr gedacht.

Unser Taxifahrer blieb noch bei uns, als wir dann in die Halle eingelassen wurden - warum, war mir nicht so recht klar, aber ich sollte noch dankbar dafür sein. Wir durchliefen die Ausreiseformalitäten, mindestens drei Mann sahen sich unsere Pässe an, und standen plötzlich vor einem Schalter, wo von uns eine Gebührenmarke verlangt wurde. Hilfe. Als ich gerade Jürgen ziemlich irren Blickes ansehe, steht neben uns wieder der Taxifahrer, macht eine beruhigende Geste und geht weg. Nach zwei, drei Minuten kommt er wieder - mit Gebührenmarke. Seid freundlich zu Ausländern!

Nach einer Weile warten in der Halle werden wir in den Warteraum geschleust, versuchen uns erst mal wieder zu entspannen, bisschen hungrig und durstig - aber nicht langweilig. Der eine Typ fummelt sich die ganze Zeit ziemlich neurotisch an der Kleidung rum, zupft Flusen ab, streicht die Hose glatt, zieht das Jacket zurecht, streicht sich durch die Haare. Eine vierer Gruppe aus zwei

Pärchen hat sich offensichtlich auf dieser Reise für immer zerstritten ("Merkst Du denn nicht, dass Du von ihm nur ausgenutzt wirst, Du kommst ja gar nicht mehr zu Deinen eigenen Sachen."). Eine Gruppe von Syriern mit total herausgeputzter Mama und einem europäischen Kind.

Irgendwann wird Kaffee aufgefahren. Wunderbare Idee. Gerade als wir anfangen, uns wohl zu fühlen stellt sich dann allerdings heraus, dass dieser Service auf eine Tasse pro Person rationiert ist. Lufthansa-Service.

So fliegen wir zurück nach Frankfurt, erinnern uns ein wenig wehmütig daran, wie wir hier schon auf dem Hinflug saßen.

In Bremen regnet es und es ist kalt, wie schon beim Abflug. Wir holen unser Auto und fahren nach Hause - die Landschaft ist unbeschreiblich grün.

Wir sind wieder zuhause.

KOMM MAL KURZ MIT NACH

LISSABON

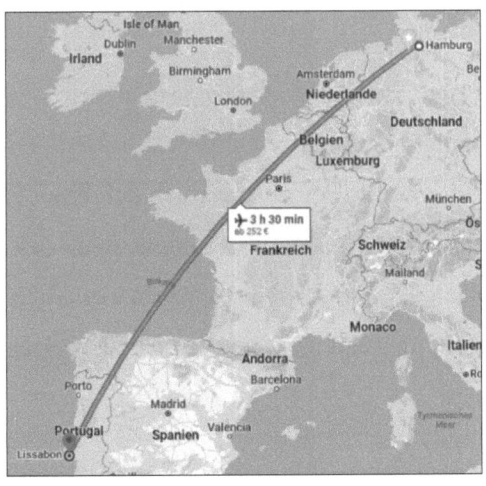

Es sollte ein ganz kleiner Urlaub werden. Ein Geschenk der Familie an den Vater, Bruder, Vetter und Onkel zum Geburtstag. Aber gerne. Drei Tage Lissabon - alles bezahlt und gebucht. Was für ein Geschenk. Und was für ein Erlebnis.

Freust du dich schon? war die allgemeine Frage. Nun gut, seit Jahrzehnten der erste Urlaub, den ich alleine machen würde. Etwas Beklommenheit machte sich breit.

Dazu musst Du wissen, dass ich in schöner Landschaft wohne und es gut zuhause habe. Da ist ein Urlaub natürlich immer eine Gefahr für das ausgeglichene Leben.

Losgehen sollte es erst abends per Flugzeug. Auf der Fahrt zum Flughafen, im düsteren Regen, irritierte mich ein mulmiges Gefühl – eines, das mich auf dieser Reise noch oft begleiten sollte. Irgendetwas stimmte nicht. Ich bin zweifelsohne gern und meist bei mir, eigentlich recht stabil. Aber nicht hier und nicht jetzt und nicht im Regen auf der Autobahn

Ich parkte mein Auto weit weg vom Flughafen an einem U-Bahnhof, ganz unauffällig und dann ging es weiter mit der U-Bahn direkt zum Flughafen. Noch immer fühlte ich mich leicht mulmig und so beurteilte ich die Menschen in der U-Bahn entsprechend negativ. Unfassbar, wie man von sich auf andere schließt. Aber isso. Geht es dir schlecht, wirst Du schlecht, und die anderen sind es sowieso.

Auf dem Flughafen wurde es nicht besser Und schon gar nicht auf diesem, mit modernster aggressiver Technik, die alles gibt, nur nicht die Gelassenheit, die ich anscheinend ersatzlos zuhause gelassen hatte.

Ich hoffe, du weißt nicht, wie es ist, wenn man sich heutzutage in ein Flugzeug setzen will. Check In, Check Ausweis, wieder Check In, wieder Check Ausweis, nochmal Check Ausweis. Und das alles komplettiert von Gepäckkontrolle, Sackkontrolle und Körperscan. Nicht berücksichtigt hatte ich die Brisanz von Rasierwasser und Rasierschaum – alles verboten, ab in die Tonne. Das nächstemal fahr ich mit dem Auto.

Bustransfer auf dem Flugfeld war nicht. Zu Fuß geht es zum Flieger. Ryanair und ich sparen, wo sie können. Die Sitze eng an eng an eng an eng. Und dann setzte ich mich auch noch auf den falschen Platz. Völlig idiotisch, denn dann hätte ich die Frau dieses Fluglebens nicht vor mir gehabt sondern neben mir. Nun gut, ich blickte hin, sie blickte zurück, wir sahen uns an, ich hob die Augenbrauen, sie hob die Augenbrauen – und schon haben wir uns erkannt. Sie lächelte, ich lächelte, wir reden dann noch über Kameras, Berufe, Ziele, Arbeit, Ehen, Kinder. Ich beneidete ihren Sitznachbarn, der ihr seine Schulter lieh für ein ausgiebiges Schläfchen. Wir verabreden uns zur gemeinsamen Fahrt in die Stadt Lissabon.

Nach vier Stunden dann die Landung und wieder durch einen Flughafen. Der begrüßte mich mit Tausenden ausgespuckter und plattgetretener Kaugummis. Und die ganze Zeit unterhielten wir uns angeregt und bester Laune. Hinweg war mein mulmiges Gefühl. Zusammen fuhren wir mit dem Taxi durch das moderne Lissabon ins alte Lissabon. Ich bekam ihre Karte, ich weiß jetzt, wo sie wohnt, wo sie arbeitet, wann sie arbeitet. Und dass ich sie ganz toll fand. Irgendwann sagte sie mir Ähnliches, aber wer weiß?

Dann ging es weiter zu meinem Hostel, mitten durch ein unglaubliches Straßengewirr, in dessen engen Gassen gerade mal anderthalb Autos nebeneinander passen

Nur alte Häuser, uralte Eingänge, steile Treppen. Hier sind wir, sagte der Taxifahrer, knöpfte mir nochmal richtig Geld ab und ich steige den steilen Weg hoch zu dem versteckten Eingang meines Hostels. Die Klingel ist eine alte Glocke, die Tür wurde geöffnet und ich stand vor einem kleinen Innenhof mit gemütlichen Tischen, kein Mensch zu sehen.

Denn inzwischen war Mitternacht. Aber doch, ich wurde begrüßt und mir wurde eröffnet, das nichts bezahlt war, ich sollte mal gleich das Geld hinlegen.

Nun gut das Problem verschob ich auf den nächsten Tag und so wurde ich in mein Zimmer geführt. Zuerst eine steile Holztreppe, auf eine kleine Terrasse, dann durch ein geöffnetes Fenster, eine Wendeltreppe hoch, die so eng, so steil war dass ich mich entscheiden musste, ob ich oder mein Rucksack nach oben sollte. Weiter nun links, rechts, links, Tür auf: Mein Zimmer. Wohl zwölf Quadratmeter klein, ein Bett, kein Stuhl, ein alter Gasofen als Ablage und eine Vorrichtung auf der man seine Bügel hängen konnte. Für einen Tisch und Schrank fehlte der Platz, aber ein Spiegel und ein Kleintresor waren dabei. So sieht eben ein richtiges Hostel aus. Für wenig Geld hat man den Komfort einer guten Gefängniszelle. Aber man weiß sich in guten Händen und bescheissen wird Dich auch keiner. Ich fiel nur noch ins Bett.

Geweckt wurde ich von dem Runpeln und Qietschen einer vorbeifahrenden Straßenbahn, Ich öffnete das Fenster zu dem kleinen Balkon, und unter mir offenbart sich ein ein Gewirr von vielen tausend Dächern und Sträßchen, und da in der Ferne, der riesige Fluss Tejo, dominiert von einem Kreuzfahrer, mit dem Tausende von Reisenden von Hafen zu Hafen bugsiert werden. Das Eigenartige an diesen Monstern sind ja die vielen hundert Balkons, vor jedem Kabine einer, der den Passagieren einen Blick über die Stadt und die unendliche See erlauben.

Frühstück unten im Gemeinschaftsraum. Drei, vier mir fremde Menschen mit denen ich gar nicht ins Gespräch kommen wollte, ein zwei Tassen Kaffee, ein Marmeladenbrot – ich wollte einfach los

Nach einem kurzen Blick auf die Karte machte ich mich auf dem Weg in die alte Neustadt, Baixa, dort wo zig Straßen im rechten Winkel miteinander verbunden sind, der Stadtteil, der von Grund auf neu aufgebaut wurde, nachdem ein Erdbeben das Gebiet zerstört hatte.

So schlenderte ich durch Straßen, die alles in allem schön klassisch erschienen, aber sich von dem, was man in Hamburg oder Berlin erlebt, nicht großartig unterscheidet – aber eben doch Lissabon. Vielleicht alles nicht so reich, so überbordend, denn auch viele kleine Geschäfte, nicht nur die großen Marken, hier ein Werkzeugladen, dort ein billiges Restaurant. Dies alles geprägt von den vielen tausend Fahrgästen des Freizeitkreuzers, der seine Gäste in kleinen Gruppen durch die Stadt treibt.

Und da ich es hasse, sinnlos herumzulatschen, setze ich mich in ein Straßencafé und lasse die Menschen an mir vorübergehen. Aber auch hier leider nicht die Zeit, in der ich mich sonderlich wohl fühlte, sondern immer etwas ungemütlich unter dem Stichwort: Was mache ich hier - außer sehen, hören, Kaffeetrinken.

Ich musste ich etwas finden, was Sinn machte. So ließ ich mich von einem Tuktuk wieder zurück in die Altstadt Amalfie fahren. Der Fahrer empfahl mir, mich von den großen Restaurants fernzuhalten, und wirklich guten Fisch zu essen bekäme ich sowieso nur in den kleinen Kaschemmen.

So lief ich durch die unglaublich engen Gassen von Alfama die steilen Berge rauf und runter, fand auf Anhieb mein Hostel wieder, ganz ohne Stadtplan, ganz ohne Smartphone (ohne das ein normaler Tourist sich kaum noch auf die Straße traut, denn das erzählt ihm, dass an der nächsten Ecke, die erste Straße rechts zu welchem Ziel auch immer führt).

Und dann fand ich sie, meine kleine Kneipe, eine sogenannte Snack-Bar. Unauffällig, etwas schmuddelig und völlig leer, obwohl die Tische mit Papiertischtüchern, Messer und Gabel auf Gäste warteten. Eine kleine Theke, die Wand bis zum Rand mit Flaschen gefüllt. Ein altes Ehepaar wuselte herum. Da saß ich nun und bestellte mir Schnaps, ein Wort, was die beiden kaum kannten aber nach langem Suchen bekam ich schön gefülltes Glas mit Anisschnaps. Die Frau schön rund, ihr Mann schmal, irgendwie sehr alt und die ganze Zeit beschäftigt, die Theke und die Tische sauber zu wischen

Da ließ ich mir die handgeschriebene Karte kommen und
bestellte für zwölf Euro die teuerste Suppe, mit viel Reis
und viel Fisch. Und bekam einen Topf voll, den ich gerade
mal zur Hälfte bewältigen konnte.

Wunderbar.

Zwischendurch kamen zwei Töchter von der Schule, warfen
ihre Taschen auf den Ofen, setzten sich zu ihren Eltern
erzählten dieses und jenes und dieses und jenes und ich

verstand kein Wort, aber die Menschen. Sie alle liebten sich, keine Frage, die Mutter immer etwas kritisch, der Vater ein strenger Vater, mit viel Zuneigung.

In einer solchen Umgebung fühlt man sich, ich sag's euch, deutlich besser als in jedem tollen Lokal, und oh Wunder, meine Beklommenheit, die mich noch vom Vortag so belästigt hatte, wich dem Gefühl von Vertrautheit und der Anis machte die Sache nicht schlechter. Und als ich die Familie so sah, machte ich schnell ein ein unscharfes Foto von dem, was mir so gut tat. Ich versprach es, ihnen zu schicken (hab ich gemacht). Die Mutter schrieb mir ihre Mail-Adresse auf

Ein Gast kommt, eine Frau, eine Nachbarin, mit der sich die Chefin angeregt unterhielt, ich verstand kein Wort. Und irgendwann nach langer Zeit, wollte ich dann doch los. Und zu meiner Freude kam der Wirt auf mich zu und schüttelte mir zum Abschied kräftig und nachdrücklich die Hand. Dieser schmale leicht verbitterte Mann lächelte mich herzlich an und wir beide freuten uns, dass wir uns kennengelernt hatten.

Obwohl wir kein Wort voneinander verstanden, verstanden
wir uns gut. Ich wankte leicht angetrunken durch die Gassen,
angekommen in Lissabon.

Abends dann legte ich zum Klang der vorbeiziehenden
Straßenbahn mein Kopf auf ein weiches Kissen, schaltete mein
e-Book an und sank nicht viel später ruhig in den Schlaf.
Aber schon am nächsten Morgen, kaum aufgewacht, fühlte
ich die Frage wieder: Was mache ich hier, was will ich hier,

sollte ich doch lieber im Bett bleiben? Ein leichter Tritt in
den Arsch tut manchmal ganz gut, auch wenn man selber
dafür sorgen muss.

Wieder ein kurzes Frühstück, mit Tischnachbarn die sich
ausführlich und klug über die Komplexität angesagter
Psychotherapien unterhielten. Für mich kein Anlass, sich in
das Gespräch einzumischen, sondern staunend zuzuhören,
wie diese jungen Leute, die ihr ganzes Leben noch vor sich
hatten, versuchten, dieses im Vorwege theoretisch zu
erfassen, zu strukturieren, es auszuhalten. Während ich,
selbst noch voller Bedenken und Unsicherheit, dem
gegenüber stand, was ich an diesem Tag vor mir hatte.

Also los jetzt. Mit der Straßenbahnlinie 28, die meine Nächte
so lautstark begleitet hatte, Lissabon erkunden. Zunächst in
Richtung Norden.

Diese Straßenbahnen sind extrem altertümliche Gefährten, völlig frei von digitalen Errungenschaften. Meter für Meter kämpfen sie sich durch extrem enge Straßen, vorbei an parkenden Autos, die Vorfahrtregeln berücksichtigt, die Fußgänger geschont, zeitweise schrittweise, manchmal mit Höchstgeschwindigkeit.

So fuhren wir durch Stadtteile die mich endlich beruhigten. Kleine Plätze, hunderte von Geschäften, kein Lidl, kein Aldi, aber Kneipen, Händler, Friseure, Werkstätten, Buchläden, Lebensmittelhandel - alles da.

An der Endstation landete ich an diesem Vormittag auf einem riesigen Platz, in den sich einheimische Arbeiter mit hochbeschäftigten Bürgern und einigen Touristen in der Sonne treffen.

In den Fenstern signalisieren unzählige Klimaanlagen, dass es im Sommer hier sehr heiß ist. So saß ich auf dem Stuhl eines nicht geöffneten Cafés und genehmigte mir dann eine Fahrt in einem der oben geöffneten Sightseeingbusse. So etwas hätte ich früher nur mit Widerwillen akzeptiert, heute fand ich es angenehm von oben kennenzulernen.

Und dann ging sie los, die wilde Fahrt. Immer wieder angehalten durch städtische Staus kurven wir durch das westliche Lissabon, Stadt, Stadt, Stadt, vom Charakter her recht südlich, bis hin zu den hochhäusigen Vororten, in denen mutige Architekturen glänzende Glaspaläste, modernste Lofts, Wohnungen, Hotels und Geschäftsräume für die neue Generation schwer beschäftigter Menschen zur Verfügung stellen – die moderne Welt, eiskalt und erfolgreich, wenn nicht gar insolvent. Der Wind im obersten Stockwerk meines Busses hielt mich frisch und nach einer Stunde waren wir wieder dort, wo wir losgefahren waren.

Weiter. Ich sah wie einige Einheimische in einem dunklen Eingang verschwanden. Ich folgte ihnen und fand mich in einem Laden wieder, in dem es praktisch alles gab: Fleisch, tausend nackte Hühnerleiber, Süßigkeiten, Brot und eine warme Suppe - alles eng, vielfältig, und voller Menschen.

h

Dort wieder ausgespuckt, müsste ich etwas essen und wartete vor einer Minikneipe, in der wohl zehn Arbeiter eng an eng an der Theke saßen und Ihre Mittagssuppe aßen – alles Einheimische, also musste es gut sein. Vor der Kneipe ein Tisch voll besetzt und ich wartete wohl eine halbe Stunde auf einem freien Sitz.

Nicht lange saß ich auf dem allein. Ein alter freakiger Mann fragte, ob er sich dazu setzen könne und ob es mich stören würde wenn er sich eine Zigarette drehen würde. Und schon schallte aus den Inneren das gellende Geschimpfe Besitzers, der es auf den Tod nicht leiden konnte, das sich ein armer alter Mann mit ellenlangen Fingernägeln draußen zu seinen Gästen setzt. Um die Situation zu entschärfen fragte ich den Alten, ob er einen Rotwein mit mir trinken würde, auf meine Kosten. Tat er gerne, aber wurde mit weiteren Schimpftiraden von dem Besitzer nach innen gezwungen, wo er sein Glas Rotwein ohne mich trinken musste. Er hatte mir nach meinem schmalen Teller Suppe noch die Hühnerbrühe empfohlen, und auch die schmeckte mir.

So gestärkt stellte ich mich unter der Sonne Lissabons in die artige Schlange zur Straßenbahn. Die andere Richtung nun, mit der Linie 28 vorbei an meinem Hostel, die Straßen hoch und runter durch das alte Lissabon. Lange, lange dauerte diese Fahrt, bis ich vom Schauen müde wurde und froh war als die Endstation gekommen war. Wieder eine Tasse Kaffee und die Frage nach dem Friedhof, der so unglaublich sein sollte da. Da, gleich um die Ecke.

Es erwartete mich eine beeindruckende Anzahl von Gräbern, von Gruften großen und größten Ausmaßes, gebaut für Familien, die nicht von Geldsorgen gequält waren, sondern von der Angst vor einem Jenseits, vor dem man in diesen Monumenten Schutz finden könnte.

Und über allem dröhnen sichtbar und hörbar die Boeings im Anflug an den nahen Flughafen. Der Himmel meldet sich, wacht über die Toten.

Und wieder die Straßenbahn, um dorthin zu fahren wo ich mich inzwischen schon zuhause fühlte. Dort erregte ein monumentales Gebäude weit über mir meine Aufmerksamkeit und ich machte das, was ich schon immer gehasst hatte: Ich besuchte ein Museum, das Sao Vicente de Fora, ein ehemaliges Kloster, das von dem perversen Reichtum der katholischen Kirche erzählt.

Vieles aus der Geschichte Lissabons habe ich dort gesehen, bin aber doch zu ungebildet, um alles richtig einordnen zu können. Ganz oben vom Dach dann ein wunderbarer Blick über das Land, über den Fluss, über die Stadt und über mich.

Und schon taten mir die Füße weh, zurück ins Hostel.

Ein, zwei Stunden auf dem Bett, etwas ausgeruht, um wohl vorbereitet zu sein auf den zweiten abendlichen Besuch in der kleinen Bar, wo mich ein leises Lächeln begrüßt.

Die Chefin im angeregten Gespräch mit dem einzigen Gast, einer Nachbarin, die sich zu dieser Stunde an einer Tasse Kaffee festhielt. Sie blieb auch neben mir der einzige Gast, abgesehen, von den Wenigen, die sich eine Cola oder einen Kuchen im Vorbeigehen holten.

Heute bestellte ich mir eine Dorade, so was hatte ich mein Leben lang noch nicht gegessen. Ein Wein kam und die aufmerksame Bedienung des alten Herrn. Und es dauerte nicht lange, dass sich vor einem Teller mit einem nicht geköpften und grätenreichen Fisches saß, mit Kartoffeln, doch recht trocken, das Gemüse ausreichend – nun gut und das für neun Euro. Ich lehrte meine Kasse mit meiner Bestellung für Schnaps, einer Karaffe gutem Rotweins, einen Kaffee und noch einen Espresso.

Und wie am wirklichen Leben auch bei uns erzählte die einzige Gästin dem geduldig zu hörenden Wirtspaar viele Geschichten aus ihrem und dem anderer Leben. Redete und redete und redete. Dann schlurfte eine alte, uralte Frau herein, begrüßte das Wirtspaar mit einem Kuss auf beide Wangen, bewunderte die neue Frisur der anderen Gästin, küsste auch sie und küsste auch mich, links, rechts, nach den ich sie freundlichst darum gebeten hatte. Dann schlurfte sie nahezu unbemerkt wieder hinaus.

Irgendwann beendeten die Red-Seelige ihren Vortrag stand auf und tanzte zu der Musik aus dem kleinen Radio. So fröhlich, dass auch ich aufstand, sie in meine starken Arme nahm und mit ihr ein paar Runden drehte. Alle lachten, sie freute sich und verließ die Stube mit erhobenem Daumen.

So saß ich dann noch eine Stunde, genoss mein Leben und freute mich, dass ich mich nicht einsam fühlte. Und die Familie sah mir an, dass ich mich wohl fühlte und so verging der Abend in schönster seelischer Stimmung.

Morgens dann, am letzten Tag wird die Stimmung dieses letzten Tages natürlich von der Abreise am Nachmittag. Und so wanderte ich, nachdem ich gepackt hatte und meinen Rucksack zur Aufbewahrung aufgegeben hatte, den Berg hoch durch die schmalen Straßen zu einem dieser berühmten Aussichtspunkte, von dem man aus über ganz Lissabon und den Fluss blicken kann. Es war noch reichlich früh am Tag, Touristen gab es kaum und bei einem Glas Cola beschloss ich diese Reise

Aber Halt, ein Höhepunkt noch: Eine Straßenbahn hatte schlapp gemacht und hinter ihr warteten viele andere Wagen aufs Weiterkommen. Und so schob eine halbe Straßenbahn die Kaputte wieder zurück auf die Gleise - eine sensationelle Aktion, die halb Lissabon in Aufruhr versetzt. Ja, so ist das in kleinen Städten, die an ihren Rändern richtig groß sind

Mit dem Rucksack über der Schulter suchte ich die U-Bahn-Station unten am Hafen, kam viel zu früh am Flughafen an, hing Stunden in einer Kaffeebar rum, wurde mit dem Bus zu einer anderen Landebahn gefahren, dort, wo die Billigflieger hingehören, wurde gecheckt und gescant, wartete wieder unendlich lange und enterte dann doch endlich das Flugzeug

.

Der Flug war laut, auch wegen der zehn schwarzen Frauen und Männer, die über viele Reihen hinweg lautstark und redebegeistert ein ununterbrochenes Wortmassaker von sich gaben, während mein Sitznachbar. ohne die Miene zu verziehen, vier Stunden wortlos vor sich hinstarrte, während ich ihn mit meiner riesigen Tageszeitung vor unseren Augen nervte-

Hamburg. Mit halbwunden Hintern, rein in die U-Bahn, hin
zum Auto, ja, es war noch da und in stockdunkler Nacht
über die Autobahn zurück, dorthin wo ich gerade
losgefahren war. Eigentlich immer noch in Lissabon, war
ich bald in Godenstedt.

War doch ein Hammer, diese Reise.

Ja, ich war
in Norwegen.
Einen Tag lang.

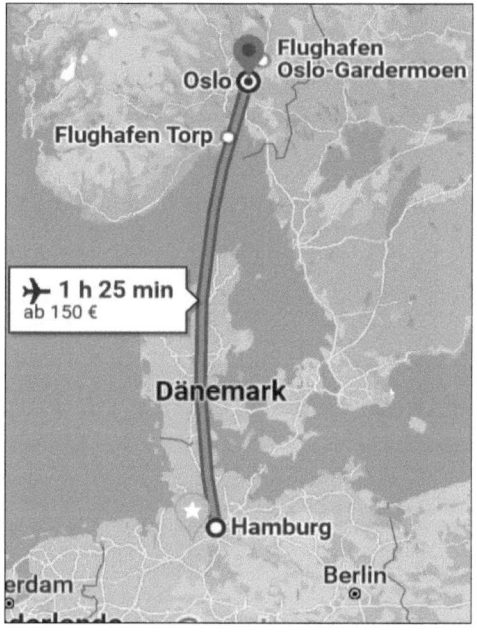

Es ist schon einige Zeit her, dass ich als Texter mit Fax auf sogenannte Kaltakquise ging. Aber dieses Vorgehen war machmal durchaus erfolgreich. So auch diesmal, als ich eine Werbeagentur in Kiel ansprach. Es kam eine Antwort, Interesse war da, man suchte einen Freien Texter – und der wurde ich. Für mich besonders reizvoll, da Kiel meine Heimatstadt ist, in der ich einen guten Teil meiner Jugend verbrachte.

Mit der Agentur habe ich eine ganze Reihe von Jobs erledigt – und dann kann auch noch das große Ding dazu: Norwegen suchte eine neue Agentur, um in Deutschland Fremdenverkehrs-Werbung zu machen. Einige Agenturen bewarben sich, aber wir gewannen den Etat. Dies nicht zuletzt aufgrund meiner geschickt eingesetzten Milieubeschreibung, die auf dem wunderbaren Buch von Gerhard Schulze: „Die Erlebnisgesellschaft" basierte. Schulze hat mit diesem Werk der üblichen Zielgruppenwerbung einen entscheidenden Schlag versetzt. Denn er differenzierte die deutsche Gesellschaft in fünf Milieus, die sich in Werthaltungen, Mentalitäten und Prinzipien der Lebensführung deutlich unterscheidet.

Das überzeugte die Norweger und sie beauftragten die Kieler Agentur mit der gesamten Werbearbeit für Norwegen. Und damit war auch ich gemeint. Die Norweger waren von unserer Präsentation so beeindruckt, dass sie mich baten, ihre zukünftigen deutschen Kunden und Milieus auch in Norwegen zu vorzustellen.

Norwegen? Aber gerne, da war ich noch nie gewesen. Nur, wie kommt man nach Norwegen? Mit dem Flugzeug am besten. Morgens hin, nächsten Morgen zurück. Und mir nichts, dir nichts wurde für mich ein Flug nach Norwegen gechartert.

Frühmorgens in Kiel sollte es losgehen. Leider stellte sich heraus, dass ich keinen Pass dabei hatte, aber das wurde einfach ignoriert.

Der Pilot machte einen zuverlässigen Eindruck, war deutlich älter als ich. Ich weiß nicht, ob es am Alter lag, aber der lange Flug ermüdete ihn spürbar und so fiel während des Fluges er immer wieder in ein Nickerchen, eher Schlaf. Ich machte mir zunächst Sorgen, aber dann hat mich sein relativ hohes Alter doch überzeugt, dass er mit dieser bedenklichen Angewohnheit schon alle seine Flüge lebend überstanden hatte, zudem ließ seine Hand den Steuerknüppel nie los.

So kamen wir dann heil und gesund in Norwegen an,. Ich sollte vom Flughafen abgeholt werden. Aber niemand erwartete mich. So wartete ich. Und wartete. Und wartete. Ich hatte weder Adressen noch Telefonnummern meiner Kunden dabei. Nach mehr als einer Stunde kam doch jemand, leicht gehetzt und sehr verspätet. So bin ich noch einige zig Kilometer schnell durch Norwegen gefahren worden und saugte die typischen Häuser, die typische Landschaft in mich rein - alles wunderbar.

Angekommen wurde ich sofort zur Präsentation gebeten und gefragt, ob ich alles, was ich weiß, auch in Englisch präsentieren könnte. Nein, konnte ich nicht, denn mein mageres Mittelschulenglisch versetzt mich gerade mal in die Lage auf Reisen nicht zu verhungern. So erzählte ich den Norwegern in reinem Deutsch von den typisch deutschen Milieus, dem Niveau- und Harmoniemilieu, dem Integrations-, Selbstverwirklichungs- und Unterhaltungsmilieu und konnte den immer noch vom Nazideutschland beeindruckten Norwegern den aktuellen deutschen Michel komplett erklären. (Diese kultursoziologische Sicht von Schulze wird von der aufgeklärten Werbewirtschaft als erweitertes Modell genutzt, heute auch unter Sinusmilieus bekannt.)

Alles gut also. Meine Eintagesreise nach Norwegen ging flugs zu Ende und ich bin ohne Absturz wieder heil in Deutschland gelandet.

SO NAH, SO WEIT, ST. PETERSBURG

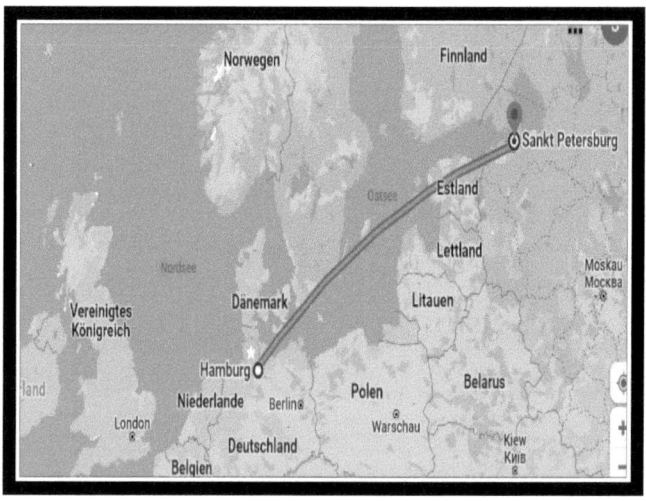

Ein Auftrag der Sparkasse Kiel an den Texter Jürgen Kraaz: St. Petersburg besuchen und darüber schreiben. Für den Jahresbericht. Mein Konzept: Keine Museen, keine Historien, nichts von dem, was man weiß. Sondern das, was ist. Darum auch wurde die Story nie gedruckt, aber bezahlt. Vielen Dank.

Noch zwei Abende vor unserer Abreise brach in Moskau die Revolution aus. Es wurde geputscht. Jelzin rettete das Land. Sollen wir fahren? Aber natürlich fahren wir. Michaela und ich.

In St.Petersburg wohnen wir im Oktijabrskaja-Hotel, das uns von Bekannten als typisch russisch empfohlen wurde. Es ist eines der wenigen Hotels, die von ausländischen Gästen noch Rubel annehmen, zumindest, wenn die Buchung von Russland aus erfolgt. Das Gebäude ist riesig und alt, ein langgestrecktes, spitzwinkeliges Dreieck, aber direkt am Newskij Prospekt, der absoluten Hauptstraße von Petersburg. Seine Lage gegenüber dem Hauptbahnhof und einer der zentralen Metrostationen sollten wir noch zu schätzen wissen..

Der erste Eindruck ist erst mal ein wenig trist, die Damen am Empfang sind streng und wir schon etwas müde. Pässe, Geld (wie war noch mal der Wechselkurs?) und Visa sind gefragt. Aber Yuriy Zaitsev, dieser freundliche Mensch, der uns zusammen mit Jewgenij, dem Fahrer, abgeholt hat, regelt und klärt für uns. So kommen wir, auch, ohne im Besitz von Rubeln, zu unserem vorbestellten Zimmer. Eine freundliche Russin klärt uns über Preis und Kurs auf, und wir sind gerade noch in der Lage zu verstehen, dass uns das Zimmer ca. 60,- DM/50.000 Rubel kosten wird.

Abschied von Yuriy, der uns nicht ins Innere des Hotels begleiten darf - hier gibt es eine Sperre mit ein bis zwei Wächtern, die nur Hotelbewohner oder Leute mit "Passierschein" ins Haus lassen, um die Gäste - vor wem auch immer - zu schützen...

Unser Zimmer hat die Nummer 1006. Wir fahren mit dem Fahrstuhl in den 5. Stock, treffen gleich an der zentralen Flurkreuzung auf die Haupt-Concierge an einem eindrucksvollen Tresen, müssen um die Ecke zu einer Nebenflur-Concierge, die auch ein wenig streng guckt, und bekommen unseren Schlüssel. Der Gang zu unserem Zimmer ist beeindruckend lang, und absolut nichts lenkt den Blick ab - nur Zimmertüren in großzügigem Abstand und die nächste Kreuzung am Ende.

Tür auf, und wir sind in den sechziger Jahren. Wir haben ein kleines Apartment, Flur, Bad, Wohn- und Schlafzimmer etwas kühl, aber sauber und komfortabel mit Kühlschrank, Fernseher und Blick auf den Innenhof des Hotels. Und die Atmosphäre ist wirklich sehr russisch, obwohl wir jetzt noch gar nicht richtig wissen warum...

Am nächsten Morgen müssen wir aus lauter Blödheit ohne Frühstück auskommen. Wir sind für 10 Uhr verabredet und vom Kulturschock überwältigt - da geht es auch mal ohne Kaffee.

Nachmittags machen wir uns klug: Es gibt auf jedem Stockwerk ein "Buffet" bzw. einen "Grill-Imbiß" im zweiten Stock. Alles mit Selbstbedienung und schwankendem Angebot, dazu einige Tischen, um dort zu essen, aber doch recht ungemütlich. Und so konzentrieren wir uns bald auf das "Buffet" in unserem Stockwerk. Hier gibt es alles Mögliche, aber das nicht immer: belegte Brote - mit, aber meistens ohne Butter, Fanta, Cola, Bier aus aller Herren Länder, Krimsekt, harte Eier, Tomaten, gegrillte Hähnchenteile und massenweise Kaffee oder Tee (die Würstchen sind ganz und gar nicht zu empfehlen), was man dann viel gemütlicher im eigenen Zimmer essen kann.

Bald lernen wir, wie wichtig die Dame am Buffet ist, denn die entscheidet, wieviel Instantkaffee ins Glas kommt und wieviel er kostet. Dass diese Proportion nicht unbedingt proportional ist, merken wir beim ersten Schichtwechsel.

Wir haben uns gerade so richtig schön eingelebt, blicken mit den Preisen langsam durch (rund 800 Rubel kosten 1 DM) und wissen die freundlichen Gesten der Bedienung zu schätzen, wenn wir das benutzte Geschirr wieder zurückbringen. Zwei Löffel Kaffee ins Glas, und gern würde sie auch noch jedem zwei Löffel Zucker dazutun - alles lieb und nett, so dass man sich nicht ganz so dumm dabei vorkommt, in einem fremden Land zu sein, ohne dessen Sprache zu sprechen. Die Tomaten nimmt sie mir wieder aus der Hand und geht sie waschen, bevor ich sie wiederbekomme. Wenn ich dann alles habe, was ich brauche, bekomme ich den Preis auf einem kleinen Taschenrechner gezeigt. Trinkgeld - das irritiert sie eigentlich eher.

Sie beschließt im Lauf der Tage, es mit uns etwas lockerer zu handhaben, und so wird nun der Preis, jenachdem was so an Geldscheinen zur Hand ist, auf- oder abgerundet. Dass das nicht unbedingt selbstverständlich ist, merken wir ein paar Tage später, als uns eines Morgens ein fremdes Gesicht entgegensieht. Nun gibt es nur noch einen Löffel Kaffee ins Glas, dafür ist der Preis von 320 auf 400 Rubel gestiegen, die Tomaten werden nicht mehr gewaschen, und das ganze Geschäft läuft so unfreundlich ab, dass bald keiner von uns mehr so recht Lust hat, zum Buffet zu gehen. Aber dafür ist die Freude dann wirklich groß, als wir beim nächsten Schichtwechsel wieder unsere alte Buffet-Dame zurücktauschen - darauf trinken wir erst einmal eine Flasche Krimsekt.

Bald unterscheiden wir auch die verschiedenen Concierges, die streng-mütterliche, die, der alles egal ist und die freundliche junge. Sie alle sollen es zur Aufgabe haben, die Hotelgäste vor Belästigungen zu schützen, aber bald bekommt man den Eindruck, dass sie wohl auf so manchem Auge blind sind. Kaum hat man abends das Zimmer zum Essen verlassen, liegt beim Zurückkommen eine rosa Karte unter der Tür, die einem Mädchen für alles anbietet - der Zeichnung nach zu urteilen, geben sie für Berufskleidung nicht viel aus. Ich trage die Karten zur Concierge, jede von den dreien

hatte mal Dienst, deute an, dass wir keinen Bedarf haben, und ernte durchgehend nur Fassungslosigkeit - wie das nur passieren konnte, das ist ihnen völlig unerklärlich...

Das Leitungswasser ist nicht trinkbar, das merkt man sofort an der Farbe, wenn man einmal eine Badewanne einlaufen lässt. Dieses Problem lässt sich jedoch mit Krimsekt für 7,- DM die Flasche ausgleichen, und der Kaffee kostet zwischen 320 und 400 Rubel das Glas.

So wird man immer schlauer, genießt die Leute, die freundlich sind, versucht sich keine Gedanken über die zu machen, die es nicht sind, und lässt es sich gutgehen. Je länger wir in diesem Hotel sind, desto mehr wissen wir den Komfort zu schätzen. Kein Luxus in unserem Sinne, den kann man haben, wenn man für 400 Dollar am Tag im Hotel Europa wohnt. Hier bezahlen wir pro Übernachtung "nur" zwei durchschnittliche Monatseinkommen eines russischen Arbeiters (ca. 24.000 Rubel) und wohnen für hiesige Verhältnisse im Luxus...

Im Hotel warten wir auf Professor Oleg Kiselev, M. D., Ph. D., Sci. D., Direktor des Institute of Influenza and other Vi Diseases. Er kommt um 10 Uhr und ist, wie immer, etwas gehetzt, beschäftigt und doch liebevoll.

Unten vor dem Hotel wartet Jewgenij, sein Fahrer, der uns schon vom Flugplatz abgeholt hat. Der Wolga ist ein servofreies Auto, das den ganzen Mann erfordert. Und es ist nicht perfekt. Wie bei einem erfahrenen Autodieb tauchen Jewgenijs Hände unter das Lenkrad und schließen die heraushängenden Kabel mit einem Nebellichtschalter kurz. Auch der Scheibenwischer geht nicht immer, dafür muss Jewgenij sehr auf die überraschend hohen, tiefen und breiten Hindernisse

achten, die sich unvermittelt auf der Straße auftun..

"Die Straßen sind hart," sagt Michaela, "die Autos sind härter, aber die. Fahrer sind das Allerhärteste." Und sie hat recht.. .

Es ist ganz selbstverständlich in dieser Stadt, dass die Autos mit voller. Fahrt auf Menschen zufahren in der vollen Gewissheit, dass diese ausweichen.. Und was machen die Menschen? Sie weichen aus. Ich habe einmal versucht,. dieses Gesetz zu durchbrechen - ich werde es nicht wieder tun.

Das Institut. hat seinen Platz in einem etwas heruntergekommenen alten Bürogebäude, dessen. Front genauso ungepflegt wie sein Inneres zu sein scheint. Die Wissenschaft. hat nicht viel Geld. Aber wenn man jahrzehntelang in einer Umgebung des. Mangels wohnt, erscheint diese Optik nicht als Mangel, es ist, wie es ist.Aber schon in Olegs Büro wirkt alles anders. Immer wieder kommen. Institutsangehörige herein, bitten um einen Rat, beratschlagen gemeinsam über ein Moleküldocking auf dem Laptop des Chefs, während dieser mal. freundlich, mal unfreundlich, mal laut, mal leise, aber immer sehr konzentriert und sehr russisch mit einem fernen Telefonpartner um seinen. nächsten Jahresetat kämpft.

In den Pausen erzählt uns Oleg von den Vorteilen der

Marktwirtschaft, von dem Geld, das da ist und nicht ausgegeben werden kann, von dem großen Interesse der Petersburger an Westpartnern und West-Knowhow. Von dem Charakter der Russen, die es in den Jahrhunderten der Unterdrückung verlernt haben, selbständig zu arbeiten, sich selbständig zu machen, etwas zu unternehmen. "Aber in 5 Jahren sieht das hier alles ganz anders aus, ich habe große Hoffnungen."

Nach langem Warten bei Oleg geht es nun plötzlich ganz schnell. Yuriy Zaitsev, sein Geschäftsführer, Candidate of Medical Sciences, Department of Memory and Behavior Pharmacology am Institute of Experimental Medicine der Akademie der Medizinischen Wissenschaften, will uns die Stadt zeigen. In einem Nebenzimmer fragen wir Lena, eine junge Wissenschaftlerin, nach dem Weg zu einem Lokal. Sie kommt gleich mit. Zu viert stellen wir uns an die Straße, Lena hält ihren Arm raus, und es dauert nicht lange, bis uns ein privates Taxi zu einem schnell ausgehandelten Tarif durch die Stadt zum Lokal fährt. Und sogar aus dem Auto genießt man diese einzigartige Stadt, in der für einen selbst alles neu ist, alles, was man sieht, hört, schmeckt - ein Zauber für alle, die glauben, schon alles gesehen zu haben.

Wir fahren zum Newskij Prospekt - einem überaus breiten Prachtboulevard von beeindruckender Länge, der zu allen Tageszeiten von Massen von Menschen, lärmenden Autos und übervollen Trolleybussen übersät ist. Eine Geschäftsstraße. Schöne, mächtige, klassische Gebäude mit wenigen und kleinen Schaufenstern. Dazwischen eine große, unauffällige Eingangstür, in der sich die Menschen drängen. Wir gehen hinein. In dem engen Treppenhaus zum Hochparterre wird geschoben und gedrängt, man ist froh, heil durch die zweiflügelige innere Glastür zu kommen - und ist in einem Kaufhaus.

Hier scheint es alles zu geben, was es bei uns auch gibt, nur nicht so luxuriös, nicht so glitzernd, aber Mangel herrscht hier nicht. Erstaunt, verwirrt verlässt man das Haus und findet auf der anderen Straßenseite ein breites, gelbes Gebäude, das, zwei Geschosse hoch, an seinen Längsseiten wohl einen Kilometer lang ist, ein Handelshaus aus dem späten 18. Jahrhundert. Unendlich lang, immer geradeaus, reiht sich hier Geschäft an Geschäft, Shop-in-Shop nennen wir das bei uns, hier ist es einfach eine Ansammlung aller Dinge, die man kaufen kann.

Ein kleines Stück weiter den Newskij hoch lockt die klassizistische Fassade des schönsten Lebensmittelgeschäftes der Welt. Das faszinierende Licht, die erstaunlich geformten Lampen, das reiche, überreiche Angebot an Köstlichkeiten, die weißen

Kittel der Verkäuferinnen - Jugendstilpracht in ihrer
schönsten Form..

Aber es ist unmöglich, alles zu erzählen, alles zu sehen.
Man ist in einer Stadt der Bilder, Menschen und
Geschichte und kann nur. hoffen, dass man sich an ihr
verändert.

Ich habe eine Verabredung. Bin kein Tourist mehr,
sondern einer der vielen,. die auf den Straßen hierhin,
dorthin wollen, ihre Geschäfte tätigen. Einer. von
sechseinhalb Millionen mit einem Ziel. Ich finde das

Haus, ein schweres, klassisches fünfstöckiges Gebäude mit kleinen Läden und mehreren Eingängen - aber kein Schild, keine Werbung, ein Mietshaus?. Ich trete durch die alte, große Tür. Im Treppenhaus kein Licht, aber oben auf dem Absatz ein Fenster. Es lässt das Licht herein, das ich liebe: sehr dunkel, schwer, die Wände verlieren sich im Nichts. Es war das falsche Treppenhaus.

Ich finde ein anderes, ein helleres, steige die breite Treppe hoch und sehe einen Concierge hinter einem kleinen Fenster sitzen. Aber er beachtet mich nicht. Ich gehe vorbei. Vor mir und hinter mir lange Flure mit langen Seitenfluren, versteckten Eingängen, unmöglichen Blickwinkeln und rätselhaften Aufschriften. Ich öffne eine Tür und werde von einem Luxus geblendet, der uns ganz alltäglich erscheint: ein großes, schwarz gestyltes Büro, hier ein Computer, dort ein Fax, geschäftig eilt eine eng berockte, hochhackige, gutgeschminkte Schönheit umher. Aber das ist nicht die Welt, wie ich sie am Telefon heraushörte.

Ich suche einen Ursprung, einen Anfang - nicht das schon nahezu Fertige. Ich schließe die Tür, verirre mich im Labyrinth der Gänge, Türen, Kammern und Büros, deren Optik und Vielfältigkeit mich an Kafka erinnert. Aber dann sitze ich schließlich in dem kleinen Café des Ost-West-Kontaktbüros einer Berlinerin gegenüber, die ganz konkrete Vorstellungen davon hat, wie man ein Dienstleistungsunternehmen in Petersburg aufziehen kann, soll, muss.

Stefanie hat zusammen mit einem Petersburger ein Serviceunternehmen für Einzelreisende und Geschäftsleute gegründet. Und das ist genau das, was Petersburg am meisten fehlt. In einer Stadt, deren Sprache, deren Schrift man nicht versteht, deren Vorschriften rätselhaft und deren Taxifahrer unberechenbar sind, braucht man einen Führer. Einen Insider, der Englisch oder Deutsch spricht, der Fragen beantwortet, schon bei den Reisevorbereitungen hilft, der führen, buchen, übersetzen und informieren, Autos mieten und fahren, reden und zuhören kann. Und damit ist das Tor nach Petersburg auch ohne Beziehungen oder Gruppenreisen weit geöffnet. Für Reisende mit geschäftlichen Absichten wird wirtschafts-juristisches Fachwissen zur Verfügung gestellt, Dokumente werden geprüft, Verträge übersetzt, und ein fachkundiger Service berät über die organisatorische und steuerliche Situation genauso wie über Import-, Export- und Zollbestimmungen, über Lizenzen, Quoten, Immobilien, über Eigentumsfragen, Administration und Quartiere und übernimmt nach ihrer Abreise die geschäftliche Korrespondenz und ihre Interessenvertretung in St.Petersburg. Und warum kein Schild neben dem Hauseingang? Das dürfen sie dort nicht aufhängen. Noch nicht.

Ich gehe in eine Metrostation. Ein fernes Mahlen, Schaben und Rumpeln macht klar, dass ich mich dem Schlund der Hölle nähere. Denn hinten sieht man noch, wie die Menschen ohne Gegenwehr in den Boden versinken.

Aber ich habe keine Chance, dem Sog zu entkommen. Nein, ich habe die Pflicht, eine Metromarke in einen Schlitz zu stecken. Aber der Druck von hinten ist zu stark,

Ich schaffe es nicht, bin schon vorbei, man drängt mich direkt auf die rasenden Stufen zu, ein alarmierendes Schnarren kündet von meinem Gesetzesverstoß, niemand kümmert es. Und schon geht es hinab in rasender Fahrt. Unfassbar, wie steil, wie unendlich tief der Tunnel nach unten führt.

Petersburg ist auf Sumpf gebaut, und erst unter dem
Sumpf konnte die U-Bahn gebaut werden. Die steile
Röhre ist in kunstvolles Dämmerlicht gehüllt, die
Menschen um mich herum sind von unzähligen
wunderschönen Lampen zwischen den ächzenden,
rollenden Treppen diffus beleuchtet. Zwei abwärts,
eine aufwärts. Unfassbar der endlose Blick nach oben
oder unten - kein Anfang, kein Ende der Fahrt ist
auszumachen. Doch da: Ich springe auf festen Boden,

werde. weitergetrieben zur nächsten Treppe, und alles beginnt wieder von vorn, nur. tiefer, noch tiefer.

Erst wenn man das rauschende, quietschende Einfahren der Züge näher kommen hört, ist man angekommen. Aber Ruhe ist hier nicht.. Minutenweise kommen die Züge, von einer Digitaluhr im Countdown angekündigt. - 10, 9, 8 Sekunden bis zum nächsten Zug. Und schnell fährt er in den. schwarzen Schlund der Hölle, krächzend kommentiert in einer Sprache, die. unwirklich ist, weil nicht einmal Ursprünge, Ahnungen sie mit der eigenen. verbinden. Die Fahrt dauert lange, die nächste Station ist weit, die Züge. schnell. Zwei Stationen weit wollen wir, aber schon nach der ersten müssen. wir raus, raus, raus, die nächste ist geschlossen, zur Treppe, zur Treppe, aufwärts, hoch, nach oben, zum Licht, geschoben, gezogen, getragen, weiter,. weiter, und dann werden wir ausgespuckt, als ob nichts geschehen wäre. Warum sind wir hier?

Oleg erklärt, dass die einstmals berühmteste und nun. wohl zweitberühmteste aller lebenden Ballettköniginnen ihr 25jähriges. Berufsjubiläum feiert

Man reicht uns ein russisches Programm, und schon
hören wir nach einem pompösen Verdi-Intro das erste
Laudatio einer vitalen Matrone. Eine junge
hochgewachsene Frau betritt die Bühne. Erst viel später
begreife ich, dass es die geehrte Heldin ist. Ihre
jugendliche Ausstrahlung, entpuppt sich erst in direkter
Nähe als schöner Schein. Es folgt eine kleine
ergreifende Rede von einem älteren Bühnenkollegen,
und ein klassisches Stück am Flügel. Sie lehnt sich an
das schwarze Instrument im engen roten Kleid. Dann
beginnt er zu singen, leise, rücksichtsvoll, sie ist berührt

und tanzt die ersten schönen Schritte, zieht die Schuhe aus und beginnt im engen Rock über die ganze Bühne zu tanzen. Und dann in reger Reihenfolge das reiche, vielfältige Programm ihrer Freunde. Für sie. Nur für sie.

Ein Bild nach dem anderen, immer wieder neu. Und dann tanzt sie selbst, tanzt ihn noch einmal, den sterbenden Schwan. Spaziba, Spaziba, danke, danke ruft sie in das jubelnde Publikum und schwenkt ihr volles Sektglas, dass die Tropfen spritzen. George möchte wissen, ob Du beim Geheimdienst bist, fragt Oleg mich über die Schulter und meint den stetig schreibenden Stift in meiner Hand. Der Schrecken ist für sie noch nicht ausgestanden. Spät abends dann finden wir uns zu fünf in der U-Bahn wieder, etwas lustig. Zum Abschied umarmen und küssen wir uns alle. Spasziba, Spaziba.

Die Zeiten, wo einem in Russland die Levis-Jeans vom Leib gerissen wurden und man mit einem Koffer voller Kaugummi das Geschäft seines Leben machen konnte, sind vorbei. Mit Kleidern, Gebrauchtwagen und Schokoriegeln wird zwar nach wie vor Geld verdient, doch mittlerweile ist auch für Unternehmen mit langfristiger Perspektive in Russland einiges zu holen. So für die Genfer Firma, die seit drei Jahren von ihrem St. Petersburger Stützpunkt aus

Funkenerosionsmaschinen in der ehemaligen Sowjetunion verkauft. Die Kunden sind Rüstungs-, Uhren- und Autofabriken und zunehmend in Russland tätige Westunternehmen. Für den Verkauf der Maschinen sind drei Agenturen zuständig, den Support organisiert das Zentrum in Petersburg, inklusive der Mitarbeiterausbildung für Verkauf, Montage und Service.

Wichtig: Geld arbeitet in Russland noch nicht von allein, es bedarf der Führung und eines vernetzten, visionären Denkens, das an den freien Markt und Konkurrenz gewöhnt ist. So wie das deutsche Bauchemieunternehmen, das eine baufällige Brücke in Moskau als Demonstrationsobjekt ausgesucht hat, um es auf eigene Kosten zu sanieren. Mit der Petersburger Brückenverwaltung entwickelte die Firma jetzt superleichte Fahrbahnbeläge für die insgesamt 20 Klappbrücken über die Newa...

Die Abwesenheit von Produktwerbung im Sozialismus hat dazu beigetragen, dass wichtige Informationen mündlich weitergegeben werden. Selbst höchste Chefetagen sind heute noch offen für Kontakte, Tipps und Empfehlungen. Jeder könnte ein potentieller Informationsträger sein. Größer als viele andere ist ein großer Fahrstuhlhersteller eingestiegen, der in Petersburg eine hypermoderne Fabrik aus dem Boden gestampft hat. Die Firma beschäftigt vier westliche Mitarbeiter und 200 Russen in Verwaltung und Produktion. Daneben baut das Unternehmen einen Kundendienstservice auf, der allein in St. Petersburg und Karelien 10.000 Anlagen von russischen Herstellern betreut. Service ist in der ehemaligen Sowjetunion ein vernachlässigter Markt, der aber vertrauenswürdige Kontakte zu potentiellen Kunden schaffen kann.

Mit Serviceleistungen betritt man Pfade bereits bestehender, aber vernachlässigter Strukturen und verwandelt alte staatliche Monopole durch Konkurrenz- und Marktdenken. Aber aller Anfang ist schwer, und wer zu spät kommt, den bestraft das Leben. Und das nicht erst seit Gorbatschow.

Forschen in Deutschland, produzieren und montieren in Billigfernost - wenn von Russland die Rede ist, lohnt es sich, gewohnte Thesen auf den Kopf zu stellen. Denn die Bevölkerung der Sechsmillionenstadt St. Petersburg besteht zu einem Drittel aus Hochschulabsolventen, hochqualifiziert und größtenteils arbeitslos. Die einstmals gefürchtete Rüstungsindustrie, die in Petersburg 70 % der Arbeitsplätze stellte, ist zusammengebrochen. Zehn Prozent des wissenschaftlichen Potentials Russlands sind in Petersburg zu Hause, zehn Prozent der Infrastrukturen, der Produktionsanlagen, der Logistik, des Know-hows, der gelernten Arbeitskräfte und öffentlichen Einrichtungen - all dies ist nutzbar, die Bausteine der Zukunft.

Dreht man den Grundsatz der Produktionsverlagerung in Billiglohnländer um, ergeben sich hochinteressante Möglichkeiten. Denn die Investitionskosten in ein Konstruktions- und Entwicklungsbüro sind minimal gegenüber der Investition in eine Produktionsanlage. Unter der Leitung eines Westingenieurs könnten hervorragend qualifizierte russische Mitarbeiter für geringe Löhne Projekte verwirklichen, die im Westen wegen der hohen Forschungs- und Entwicklungskosten viel zu teuer und risikoreich wären. Die Produktion könnte dann im Westen erfolgen, wo die Fabriken bereits stehen, die Verteilerstruktur und der Markt vorhanden sind. Keine Vision, sondern Realität.

Und nun 15 Tipps & Tricks für alle, die in Petersburg etwas unternehmen wollen..

1. Planen Sie genau, denken Sie weit voraus: In Russland hat nicht jeder ein Auto, ein Mobiltelefon, ein Fax oder eine Sekretärin, die die Organisationsfehler des Chefs ausbügelt.

2. Versuchen Sie die wichtigsten Dinge an den Anfang zu legen.

3. Seien Sie pünktlich. Trotz allem.

4. Der Arbeitstag beginnt meist erst um 10 Uhr. Aber bis Mitternacht können Sie Ihre Geschäftsfreunde noch unbesorgt anrufen.

5. Ein Termin am Morgen, einer am Nachmittag, einer am Abend - mehr ist kaum zu schaffen.

6. Halten Sie sich an die 60 %-Regel. Wenn Sie 60 % Ihrer Ziele erreichen, war die Reise erfolgreich.

7. Rechnen Sie genau, aber vergessen Sie Ihre Krämermentalität. Klären Sie den Unterschied zwischen Investition, Sponsoring und Joint-Venture.

8. Verschenken Sie keine Ferienreisen in die Karibik und Daimler-Benz-Limousinen, auch wenn man Ihnen andeutet, dass damit die Geschäfte besser laufen.

9. Bevorzugen Sie bei Übersetzungen die detailreichere deutsche oder französische Übersetzung.

10. Viele Russen kennen nur unselbständiges Arbeiten. Haben Sie Geduld, und fordern Sie die Kreativität ihrer Mitarbeiter heraus.

11. Lassen Sie Ihre Angestellten für sich und nicht für die Firma arbeiten. Der persönliche Nutzen ist in Russland wichtiger als Geld.

12. Beziehungen sind alles. Stimmen die nicht, hilft

Trinkfestigkeit eher weiter als Geld.

13. Besorgen Sie sich einen zuverlässigen Mitstreiter für die unvermeidlichen Papierkriege. Ausgemusterte Generäle und andere ehemals hohe Militärs haben sich da sehr bewährt.

14. Stempel und Dokumente sind das halbe Leben. Bewahren Sie alles auf, was irgendwie offiziell aussieht.

15. Und wenn nichts mehr hilft, rufen Sie den Ost-West Kontaktservice (0 07-8 12) 2 79 36 35 oder das Pressebüro St. Petersburg (0 07-8 12) 3 11 66 25 an. Die haben das schon hinter sich.

Nach langer Suche finde ich den Eingang zur U-Bahn-Station des Moskauer Bahnhofs, die sich direkt durch das tiefe ununterbrochene Grollen der Rolltreppen ausweist, die weit in die Tiefe führen.

Und wieder diese Fahrt in die dunkle Röhre, nach unten, heute ist es weniger voll, aber nicht weniger schnell, schnell. Dieser U-Bahnhof ist ein wahrhaft klassischer, passt zum Bahnhof oben. Wunderbar geschwungene Bögen über mir, reiche Ornamente, gefliese Böden. Ich lege einen Film ein, klettere auf einen Vorsprung, fotografiere, verändere Belichtung und Winkel, klettere durch eine Absperrung, erhalte einen warnenden Blick von der Aufpasserin, die nichts anderes zu tun hat, als darauf zu achten, dass auf den rasenden Rolltreppen niemand Schaden nimmt, zwei Alarm-Telefone vor sich. Aber willst man hier fotografieren, sollte man es schnell und unauffällig tun.

Denn nach wenigen Minuten schimpft mich eine russische Stimme von der Seite an. Eine Frau mit Windjacke und Regenschirm tut sehr, als hätte sie mir viel zu sagen. Laut, ohne Unterbrechung und völlig unbeeindruckt davon, dass ich kein Wort verstand. Ich versuche zu erklären, deutsch, englisch, keine Chance.

6. Ich verstehe das Wort Miliz. "Gut," sage ich nach längerer Diskussion, "dann gehen wir zur Miliz." Ich habe mehr Angst um meine Kamera als um mich. Und so geht es aufwärts mit ihr. Sie guckt stur geradeaus, weil vielleicht Menschlichkeit in ihren Augen sie verraten hätte. Ich schaue sie leise grinsend an und führe eine lautes Selbstgespräch über russische Gastfreundschaft.

Oben angekommen werde ich einem Milizsoldaten übergeben, der mich zur Seite nimmt und hinter ein Absperrgitter, weg vom normalen Publikum, führt: Langsam wird es kritisch. Hinein in eine Wachstube, einem kleinen, dunklen Alptraum, in dem mir zuerst ein kleiner Drahtverhau auffällt. Dort sitzt schon einer, etwas abgerissen, den Kopf auf die Hände gestützt, vor sich hinstarrend - das Gefängnis im Wachraum, eher ein Zwinger, nicht höher als 150 cm, schließlich soll man hier sitzen. Dazu das Bild aus einem Rußland-Film: drei Soldaten, einer hinter dem Schreibtisch, die anderen lässig danebenstehend, hören sich die Schilderung meiner Untaten an. Diskussion auf Russisch. Kein Englisch, kein Deutsch, nur Blicke und eine wertvolle Kameraausrüstung.

Hin und her die Worte, Blicke. Sie schätzen mich ab. Dann hebt der eine die Hand und betätigt einen imaginären Auslöser: "Nicht schießen!" Der Soldat, der mich hineingeführt hat, macht eine kaum merkbare

Kopfbewegung. Ich darf gehen. Ich salutiere leicht und erleichtert und gehe. Die Bilder habe ich im Kasten, den Film haben sie mir gelassen. Danke. Unser erster Restaurantbesuch in Petersburg findet - auf Empfehlung von Lena aus dem Institut - im Troika statt, dem "Moulin Rouge von Petersburg". (Zagorodnij Prospekt 27). Ein Kellner bringt uns an unseren vorbestellten Tisch nahe der Bühne und fragt, in welcher Währung wir bezahlen möchten - es geht beinahe alles, nur Rubel nicht. Das ist etwas peinlich, denn wir haben unsere vielen Dollars im Hotel gelassen, gut versteckt im Badezimmer (hoffentlich). Da hilft nun nichts, das Geld muss her. Jürgen opfert sich, und der freundliche Yuriy begleitet ihn.

Lena und ich bekommen schon mal Getränke an den Tisch und haben Zeit, uns umzusehen. Gedämpfte Beleuchtung, runde Tische, im Raum verteilt, und einige Nischen an den Wänden. Das Publikum ist gut angezogen, und die meisten scheinen Ausländer zu sein. Wir erzählen und trinken, und als Yuriy und Jürgen wieder auftauchen, haben sie bereits die Rechnung bezahlt. Vorkasse und ein Festpreis von 45 Dollar pro Person, das können sich nur wenige Russen leisten. Man hat die Wahl zwischen einem europäischen Menü und einem traditionell russischen.

Wir nehmen das russische: Blini mit rotem Kaviar,

Suppe und Fleisch. Alles reichlich und gut, und verdursten muss auch keiner bei Krimsekt und russischem Wodka - dem besten, wie Lena meint.

Zum Essen wird eine Bühnenshow geboten, ein bisschen lustig und viel Erotik. Das ist nun Geschmackssache, auch weil man sich dabei nicht mehr unterhalten kann. Danach kann getanzt werden. Wir bestellen noch eine zweite Flasche Wodka, die dann allerdings nicht mehr im Preis mit enthalten ist, und sind am Schluss ganz froh, dass Yuriy uns zurück ins Hotel bringt - nach unserem ersten

7. Restaurantbesuch in Petersburg.

Auf einem unserer Ausflüge erinnern wir uns an die Berliner Empfehlung, unbedingt einmal das Café Oetker zu besuchen, Newskij Prospekt 40. Zu Anfang des Jahrhunderts ein Treffpunkt deutscher Einwanderer, wurde es nach der Perestroika als Joint-Venture wieder eröffnet. Das Café ist klein und wirklich umwerfend schön. Die Wände sind im Jugendstil mit Spiegeln und Bambus verkleidet, dass einem Hören und Sehen vergeht. Hier gibt es deutsches Bier, Dr. Oetker-Gerichte, Kuchen, Kaffee und die gepflegteste Toilette, die ich in ganz Petersburg zu sehen bekommen habe. Nach unseren Erlebnissen im Hard-Currency-Land versuchen wir es einmal auf eigene Faust. Irgendwo bei unserem Hotel soll es auch ein Restaurant geben..

Also auf ins Abenteuer, raus aus dem Hotel. Auf halber
Länge des Gebäudes. sehen wir schon so etwas, aber
das sieht doch etwas gespenstisch aus. Wir. gehen um
die Ecke zur kurzen Seite des dreieckigen Blocks und
finden, unter. Baugerüsten versteckt, einen völlig
ungekennzeichneten Eingang. Der Hunger. treibt uns
rein, wir landen in einem kleinen Vorraum. Im Dunkel
dahinter. erkennt man eine Bar, die sich aber wohl
mitten in der Renovierung befindet,. Baustelle.
"Restaurant?", fragt Jürgen, ja Restaurant, alles o. k.
Wir. werden unsere Mäntel los und landen im
Tiefparterre des Hotels, im. Restaurant Oktyabriskij
(Ligowskij Prospekt 10). Das hier ist kein. Joint-
Venture. Die Einrichtung erzählt von früherer Pracht,
die inzwischen. etwas angegriffen ist - aber das mit
Würde. Wir werden an einen Tisch. gebracht, an dem
wir uns auch wohl fühlen - der Kellner spricht
Englisch,. und wir bekommen, was wir wollen. Die
Atmosphäre ist entspannt gedämpft. Ich. glaube, wir
sind die einzigen Ausländer und fühlen uns gut im
Ausland.. Die freundliche Bedienung macht es uns aber
auch leicht. Zur Unterhaltung. spielt eine russische
Gruppe westliche Musik, und das macht sie nicht.
schlecht, nur etwas zu laut. Der Wodka ist gut und wird
nach Gramm bestellt,. was erst einmal ungewohnt ist.

Wer von uns weiß schon, wieviel Gramm Wodka er verträgt? Aber für einen netten Abend kann man zu zweit schon 300 g. ansetzen, jedenfalls wenn es zum Hotel nicht allzuweit ist. Das war schön und gut. Wir bezahlen in Rubel und hatten einen netten Abend für 35,- DM.

In einer Seitenstraße des Newskij Prospekts, Rubinsteinstraße. 8, liegt der. Sitz dieses jungen Unternehmens. Wie beinahe immer, ist es schwer zu finden. Mit mehrmaligem Fragen bringt Jewgenij uns aber an die richtige Tür. Der. "St. Petersburg Information Chanel" teilt sich mit zwei anderen Unternehmen die Etage, und wir stehen einer bunten Mischung aus Computerzeitalter und Improvisation gegenüber. Ob wir russisch können? "Absolut nein", klärt. Jewgenij auf. Oh Gott, wie soll das gehen? Aber wieder haben wir Glück, etwas Englisch und zwei gesunde Hände.

Jeder, der einmal in Petersburg war, ist überwältigt von der Geschichte dieser Stadt, dem kulturellen Angebot und der Unmöglichkeit, dies alles angemessen zu erfassen oder auszuwählen. Noch ist man auf den Zufall angewiesen. Hier will der "St. Petersburg Information Chanel" als Informationszentrum dienen.

Andrej Zonin, der dynamische und charmante Leiter, ist von Haus aus Informatikprofessor. Er gehört zu der nicht zu unterschätzenden Gruppe von Leuten, die "viele Jahre nur mit Freunden am Küchentisch sitzen und diskutieren" konnten und nun begeistert und mit großem Einsatz etwas bewegen wollen. Sein Markt ist die Kulturstadt St. Petersburg als touristisches Ziel. Mit Hilfe moderner Datentechnik und äußerst engagierter Mitarbeiterinnen werden hier Informationen gesammelt, zugeordnet, aktualisiert und distribuiert: Was ist los in Petersburg? Ausstellungen, Veranstaltungen, kulturelle Angebote. Diese Informationen sollen für Individualreisende, Reisebüros und andere Interessenten abrufbereit sein. Ein monatlich erscheinender Veranstaltungskalender ist in Arbeit. Informiert über die Tourismusbranche in Petersburg Reisebüros und ihre Angebote bzw. Spezialisierungen, Hotel- und Restaurantangebote, St. Petersburger Initiativen, Wohltätigkeitsveranstaltungen, Förderer der Stadt und Initiativen, die Unterstützung benötigen. Der Aufbau und die Pflege dieser Datenbank erfordern einen immensen Zeit- und Energieaufwand. Aber nur auf diesem Weg ist es möglich, dem interessierten Besucher Petersburgs einen Überblick über das aktuelle kulturelle Geschehen zu verschaffen, Reiseveranstalter zu informieren oder spezielle Interessengebiete St.-Petersburg-Reisender zu befriedigen. Also, wenn Sie wissen wollen, was in Petersburg los ist: St. Petersburg Information Chanel, Apt. 3, Rubinsteinstraße 8, St. Petersburg, Rußland 191025, Telefon/Fax: (8 12) 3 14-43 48.

Morgens früh müssen wir los, zum Flugplatz - etwas traurig gestimmt, machen wir uns fertig. Ich bade und dusche zum letzten mal, da höre ich eine Stimme durch die Badezimmertür: Yuriy ist da, Yuriy, unser Yuriy. Er will uns zum Flugplatz begleiten. In der Tasche hat er ein komplettes Frühstück für zwei Personen. Mit Broten und Filterkaffee in der Flasche, nicht dieses schreckliche Hotel-Zeugs, wie er meint. Jewgenij und Yuriy und der Wolga fahren Michaela und Jürgen zum Flughafen. Natürlich trägt Yuriy wieder alle Koffer und Taschen. Als wir uns dann nach herzlichen Abschiedsküssen in einer Traube amerikanischer Reisegruppen wiederfinden, wissen wir, dass wir gleich wieder zu Hause sind.

Man steigt einfach ins Flugzeug, genießt die Ostseeküste unter sich, schläft ein wenig und ist zweieinhalb Stunden später in Berlin. So nah, so weit ist St. Petersburg.

Wir danken Peter für seine Perspektive, Oleg für seine

Mühe, Yuriy für seine Liebe, Lena für ihre
Freundlichkeit, Jewgenij für seine Fahrkünste, Stefanie
für ihren Mut und Andreas für seine Hilfe. Wir wollen
sie alle wiedersehen. In St. Petersburg.

AUF DER SAONE.

Mit Hund und Familie

Mit sechs Menschen und einem Hund in einem 13-Meter-Boot durch das französische Saone-Tal, ohne Führer-Schein, ohne Weiteres, mit etwas Geld - das ist die erholsamste Woche, die man sich wünschen kann. Lesen oder selber fahren. Oder beides.

Lange, lange brüten wir über den schnellsten Weg nach Dijon. Liège ist die Lösung - ganz klar die kürzeste Strecke. Und die mit dem längsten Stau und der übelsten Stadtdurchfahrt. Kurz, die Hinfahrt dauert länger als geplant.

Halb vier morgens. Der Wecker piept. Urlaub! Mit zwei Eltern, drei Töchtern, einem Freund, einem Hund, zwei Autos und viel Gepäck. Angesichts dieser Menge geht der Daimler in die Knie. Mit 2,5 bar helfen wir ihm wieder auf die Beine.

Was tut man so auf der Autobahn? Radio hören. Nicht die privaten Sender, die gehen mit ihrer Eigenwerbung nach jedem (!) Stück nur noch auf die Nerven. Besser sind eigene Bänder. Nach vier, fünf Stunden erlebt man die Drei Fragezeichen als angenehm intellektuelle Herausforderung, Nach sechs Stunden kann man nur noch über Alf lachen.

Nach dreizehneinhalb Stunden - in der achten beginnt das Martyrium - kommen wir eine halbe Stunde nach Dienstschluss des

Bootsvermieters an. Aber die Franzosen sind nicht so pünktlich. Und auf unserem Boot ist das Reinigungsgeschwader immer noch aktiv. Also warten.

Erst beim Auspacken packt man, was man eingepackt hat. Bücher zum Beispiel. Endlich mal das lesen, was man schon immer lesen wollte. Vergiss es. Auf einer Bootsfahrt ist alles wichtiger als das, was man schon immer wollte.

Nimm alle Lebensmittel mit, die Du brauchst. Dann kannst Du nämlich kaufen was Du willst. Und nicht das, was Du musst.

Nur Baisers, die kaufe in Frankreich. So dicke, perverse Modelle gibts eben nur dort. Wenn Du im Supermarkt welche entdeckst, die innen noch richtig feucht, ja schmierig sind, schick sie mir. Auch per e-mail.

Unser Boot: Vorne die Kapitänskajüte mit eigenem Duschklo und Doppelbett, dann der Salon, die Küche, die Mannschaftstoilette mit Dusche, zwei Doppelzimmer, hinten der Motor und dann nur noch die Saone.

Wir fahren ein Boot mit voll aufschiebbarem Dach. Bei Sonne und warmen Wetter sitzt man im Salon, Vollcabrio - oben und an den Seiten offen, lümmelt auf dem Sofa rum, trinkt Wein, spielt Karten oder quatscht mit dem Steuermann, der hier auch seinen Platz hat.

So ein Boot steuern kann jeder, der sich traut.

Vier Boote passen in eine Schleuse. Wenn man will. Wenn man nicht will, dann nur eines. Das erfordert aber strategisches Geschick.

Die Schleuse bedient man mit der blauen Stange. Hebt man diese, beginnt das Schleusen. Zieht man man die rote Stange, die für Notfälle, beginnt das Warten. Auf den Service. Das dauert zwei Stunden und wer das gemacht hat, flüchtet besser unter Deck.

Faustregel X: Immer zwei Leute weniger aufs Boot, als maximal erlaubt. Also: Ein Zweier-Boot erst gar nicht buchen.

Und: Niemand darf im Salon schlafen. Weil dann immer als letzter ins Bett kommt, wer als erster aufstehen muss.

Klar fahren die Boote langsam. Viel langsamer als ein Auto. Aber nach der Relativitätstheorie und der menschlichen Praxis sitzt Du im Auto und im Boot gleichermaßen still herum. Wie schnell oder wie langsam die Landschaft vorbei zieht, ist unerheblich. Wichtig ist nur, was Du siehst, erlebst, lernst, tust. Wie im wirklichen Leben.

Fährt man die Saone entlang, können einem die Everglades auch nicht mehr bieten. Es sei feuchtschwüle Hitze, hungrige Krokodile und einen Begleiter, der aufpasst, dass sie einem nicht den Kopf wegschießen.

Hunde, die mitkommen, fallen einmal ins Wasser. So lautet das Gesetz. Also je früher desto besser.

Sarah macht Abitur auf dem Boot. Darum liest sie Geschichte statt Geschichten.

Lena hat ihren Freund dabei. Axel hat eine ganze Familie dabei.

Anna ist in der Pubertät und kann richtig Boot fahren.

Michaela ist die Mutter und will gefahren werden. Jürgen ist der Vater.

Der Hund heißt Tilly und haart wie ein Tier.

Auf der Fahrt merke ich, wie allein ich am Computer bin, den ich allein gelassen habe.

Wir spielen Trivial Persuit. Die Jungendfassung. Damit sah Vadder am ersten Abend doch sehr alt aus. Letzter Platz.

Auf einem Boot muss man Flagge zeigen. Unsere hängt am Besenstiel, sehr groß und sehr schwarz. Mit gelber Schrift: Nirvana.

Wer tagsüber nicht heizt, den erwarten abends kalte Betten.

Jürgen ist einer der ganz wenigen Männer, die sich auf die Seite ihrer Frau legen, das Bett anwärmen, und dann, wenn die Frau zu Bette kommt, sich auf die eigene frische, feuchtkalte Seite rollen. Das tut gut.

Die Frauen spielen viel Patience. Sie tun so, als ob sie was tun und freuen sich am Ende oder nicht.

Auch Schiffe versenken geht gut. Stößt bei Erstschiffern aber etwas auf Befremden. Vom Titel her.

Alle dürfen fahren. Aber der, der unterschreibt, ist Chef. Und der Chef ist natürlich auch dafür verantwortlich, dass er Lena an den Uferrand dirigiert und so das Boot aufsetzt. Mit jeder Schraubenumdrehung wühlt es sich tiefer in den Sand. Wir bitten das Boot, das wir gerade triumphierend überholt haben, uns rauszuschleppen. Auf französisch, was wir kaum können. Die Leinen fliegen rüber, allgemeines Festgemache und dann: Nichts. Die anderen machen Ordnung auf ihrem Boot und warten auf irgendetwas. Äh, hallo, äh, Ihr sollt uns abschleppen, diesmal auf deutsch. Ach, Deutsche, sagen die Schweizer. Jetzt verstehen wir uns.

Die Schweizer fahren zum ersten mal Boot. Also fährt Mama und Papa schreit. Nach dem vierten erfolglosen Versuch schreit Mama und Papa fährt. Jetzt aber mit voller Kraft voraus. Die Leine hängt durch, die Schweizer schießen voran, und mit einem kräftigen Knall fliegt uns die Festmacherkrampe um die Ohren. Die der Schweizer. Ja wir sind versichert. Ja wir geben den Schaden an. Auf Wiedersehen, gute Fahrt.

Wir liegen immer noch im Schlick. Alle raus aus dem Boot und schieben. Das Wasser ist sehr (sehr, sehr) kalt, der Boden sehr schlickig, die Anstrengungen sehr groß, das Ergebnis sehr mager: Nichts.

Wir brauchen eine Telefonzelle. Aber ohne Telefonkarte bist Du in Frankreich ein telekommunikatives Nichts. Doch es gibt eine nahe Schleuse. Und einen jungen Schleusenwärter mit blondierter Strähne im steil geschnittenen Haar. Er kann kein Englisch, ich kaum französisch, aber er wusste bereits von unserem Glück. Das hatte sich im Dorf wohl schon rumgesprochen. Also ruft er bei unserer Basis an. Allgemeines Radebrechen, aber sie wollen kommen, helfen. Bei der Buchung konnten die noch Deutsch, in diesem Fall schon nicht mehr.

Ein großes Binnenschiff fährt in die Schleuse. Es ist mindesten doppelt so groß wie die Schleuse selbst, gleitet ohne Mauerberührung hinein und wird zentimetergenau gestoppt. So macht man das. Die Besatzung wird vom Schleusenwärter per Handschlag begrüßt - das ist so Sitte in Frankreich. Auf meinen baren Füßen humpel ich davon, zurück zum Boot.

Wir warten. Und hören ein Hupen. Das Binnenschiff aus der Schleuse hält direkt auf uns zu. Der Matrose winkt grinsend mit einem Tampen. Und schon Sekunden später klatscht das Ende auf unser Deck. Nur wenige Zentimeter von uns entfernt gleitet das lange Schiff an unserem Boot vorbei. Jetzt oder nie. Dann lieber jetzt. Das Tau um den Krampen und zwar so, dass man es auch wieder losbekommt!!! Ein Ruck, wir sind frei. Das Tau wieder lose. Aber nein, wir stecken noch fest, und noch immer gleitet der Rumpf des Schiffes an uns vorbei. Den Tampen wieder fest, ja, er hält, aber in diesem Chaos hat sich eine Schlinge um Axels Fuß gelegt, im letzten Augenblick noch kann er den Fuß rausziehen, und schon zieht sich der Tampen fest und mit dem letzten Halt der nahezu aufgebenden Krampe sind wir frei, frei, frei. Laut rufend bedanken, bedanken, bedanken wir uns. Die lachen nur.

Das Beste ist eine gute Versicherung. Die hundert Mark sollte man ruhig investieren. Dann kann man nämlich fahren wie man will. Und nicht wie man muss.

Bei der Schlussabrechnung fragt mich der Chef leicht vorwurfsvoll, warum wir denn steckengeblieben sind. Irgendwie empfand ich das als blöde Frage. Wahrscheinlich war es gar keine Frage, nur eine

Belästigung.

Knapp eine Meter Platz hatten wir im Eingang des Supermarktes.
Neben uns lärmen die Bohrhämmer, der Fußboden ist mit Pfützen
übersät, Staub rieselt auf uns runter: Wir sind in der
Gemüseabteilung. Ein deutscher Gesundheitsbeamter hätte sich
auf der Stelle erschossen. Oder den Marktleiter.

Davon haben wir gestern drei Stück gehabt, erzählt mir die
Amerikanerin, als sie den Weinkanister sieht, den ich gerade
einkaufe. Vor dem Whisky oder danach, frage ich. Ich bin
schließlich nicht zum ersten Mal auf einer solchen Fahrt.

Natürlich kommt man abends, nach dem Genuss eines 5-Liter-
Kanisters Wein, ins Philosophieren. Wir enden an der Frage, wer
eigentlich für alles verantwortlich sei. Für den Bootshaken, die
Leinen, das Wetter, das Weltall und den Urknall. Und wer die
dazugehörigen Gesetze geschaffen hat. Zu einer Antwort sind wir
nicht gekommen.

Das Gesicht des Amerikaners drückt reines Erstaunen aus. Er
rückt noch einmal seine Hose zurecht und schüttelt mit dem Kopf.
Die Hose war trocken geblieben. Also hatte er auf dieses Geschäft
verzichten. Er kam von dieser Restaurant-Toilette, die den
Männern nur ein Abtritt zur Verfügung stellt. Also einen Platz für
zwei Füße und ein Loch in der Mitte, wo rein soll, was raus muss

Lange haben wir darüber nachgedacht, wie man das nun mit heruntergelassener Hose schaffen kann.

Kümmere Dich nicht um die Angler. Du mit Deinem stinkenden Diesel, der nur die Fische verjagt, Deinem vielen Geld, Deiner zweifelhaften Herkunft und völlig egalen Zielen. Gesichter können fluchen.

Der Schwan weiß genau was er will. Rudert vor dem Fenster rum, sieht gut aus und benimmt sich schlecht. Er mag unser Fressen, aber unseren Hund nicht. Der Hund bellt, der Schwan faucht und fliegt drohend hoch, dicht ans Fenster. Der Hund verkriecht sich unter dem Tisch. Mein lieber Schwan.

Als wir das Boot vorn am Steg festmachen, treibt es hinten rum und versperrt einem anderen Boot, das auf uns zuhält, den Weg. Aber dessen Skipper hat eiserne Nerven und zielt auf die schmale Stelle zwischen unserem Heck und dem nahen Ufer. Leider verschätzt er sich. Es rummst kräftig, Axel kann sich gerade noch festgehalten. Ungerührt fahren die anderen weiter.

Wie gesagt, Sarah macht Abitur. Das merkt man an Sätzen wie: "Du transpirierst mich an."

Jeder kennt sie, die Magic Moments. Wenn alles stimmt. Sogar das Bewusstsein. Wie in dieser französischen Kleinstadt, wenn man bei schönstem Frühlingssonnenschein hindurchschlendert, mal dies mal das sehend, sich vor ein Straßencafe setzt, mitten zwischen die Franzosen, über Franzosen klatscht, über ihre Autos, über ihre entsetzlich knatternden Mopeds, und irgendwann in der Menge ein bekanntes Gesicht entdeckt. Sarah setzt sich zu uns. Die Sonne scheint immer noch.

Farbige Tropfen regnen auf die Scheibe. Gelb rötlich. Auch die Autos auf den Straßen sind davon bedeckt. Blütenstaub? Sahara-Sand?

Den Fluss hochfahren, festmachen, das Ufer, die Wege und Felder entdecken, dort zu liegen und sich nur erholen, das ist eine feine Sache. Aber auf der Rückfahrt an dieser Stelle vorbeikommen, wo du vorgestern noch glücklich warst, und dann spüren, dass Du dort noch nicht genug gewesen war, dass Du dort noch einmal liegen möchtest, das ist eine andere Sache. Dein Schiff zieht vorbei. Es ist vorbei.

Wenn man zu Mehreren Urlaub macht, sollte man manchmal allein sein. Allein durch die Straßen gehen, über die Brücke, der Saone, allein in die Kneipe, wo es Telefonkarten und Zigaretten gibt, allein an der Theke sitzen, sich einen Petit Noir bestellen, nach der Zeitung fragen, den Nachbarn anlächeln (und zurück) und zuhören, zusehen, wie die propere Wirtin mit einen neuen Gast redet, der uns alle! per Handschlag begrüßt und nur einen Wein trinken will und mit den anderen Gästen scherzt, hören, wie die Wirtin über ihren Vater lästert, die Augen verdrehend, wie sauer der wieder war, die Bilder in der Zeitung anschauen, Worte entziffern, und einen autre Petit Noir bestellen, die Zeitung weiterreichen, zahlen, sich die Geldstücke aus der Hand nehmen lassen, Trinkgeld vergessen - das geht am besten allein.

Abends sind wir wiedergekommen, toute la familie. Haben getrunken, Billard gespielt und rumgesessen mit den Franzosen

Es ist schon dunkel. Ich klettere vom Boot. Gehe durch enge Straßen, über offene Wiesen und zurück. Und da liegt es vor mir, das Boot,. Ein von innen erleuchteter Edelstein, in dem Menschen sich bewegen, sprechen und spielen. Ich gehe wieder an Bord, öffne die Schiebetür und werde ein Teil von allem.

Der Laufsteg ums Boot ist einen Fußbreit schmal. Darum läuft der Hund auch nur rechtsrum um das Boot. Oder warum?

Jede Minute wollte ich genießen auf dem Boot. Jede. Aber warum nur auf dem Boot?

Das Wasser ist kalt, aber gebadet haben muss ich. Also vorsichtig einen Fuß ins Wasser, den anderen auch und schon rutsche ich aus, schlag um mich, gehe unter - und bade. Ein zweiter Versuch ist nicht nötig, Ich weiß ja, wie kalt das Wasser ist.

Von einem Spaziergang kommt Tilly, der Hund zurück. Und hat sich kräftig in etwas gewälzt, was sehr grün und verdaut aussieht. Tilly hat sich zur Säuberung erst einmal in einem frisch bezogenen Bett gewälzt. Mit großem Erfolg.

Die Franzosen wollen Deine Centimes nicht. Sie geben sie Dir zwar gern. Aber sie nehmen sie nicht zurück.

Wenn ein Engländer in Frankreich an seiner Halbmillionenyacht so herumputzt, dass es nichts mehr zu putzen gibt, dann liegt das daran, dass er zwar eine Yacht hat, aber keine Mittel, sich zu verständigen.

Wir dagegen benutzen eine echte Bootsmannspfeife um bei unserem Ablegen Seite zu pfeifen. Drei von uns stehen korrekt in in Habacht-Stellung und warten auf auf das Signal der Bootsmannspfeife, Befehle werden gebrüllt und zack, zack wird abgelegt. Wir haben uns als echte Deutsche gezeigt. Dort steht er nun, der Engländer, voller Angst, dass wir seine Yacht bei unserem Manöver versenken Seine Frau sieht genauso aus.

Wir waren froh, aus Deutschland raus zu kommen. Und wir waren froh, nach Deutschland reinzukommen. Dazwischen liegt eine französische Autobahnraststätte mit Wartehallen-Appeal,

Stehtischen, Automaten und einem Supersupermarkt dran. Auf dem Boden des entsetzlichen Kaffees grüßt ein weichlich gelber Schmodder, versetzt mit dunklen Punkten. Was will man mehr für 4 Franc?

Die Franzosen sind berühmt für ihre gute Küche. Aber die kostet. Also etwas normaler bitte. Das beste Essen, das wir so hatten, war gerade mal mittelmäßig. Das schlechteste schlechter als Chappy. Nach Sarah hat sich auch der Hund Tilly geweigert es zu fressen.

Nicht minder exotisch das Frühstück, zu dem uns Axel als Geburtstagskind eingeladen hat. Morgens los, ins kleine Städtchen, such, such, such – nichts, doch, da ein Schild, „Petite Dejeuner". Hocherfreut setzen wir uns alle und warten. Es wird aufgedeckt. Ein Baguette für jeden und ein Pfund Butter. Das wars. Wie – das wars? Ja, mehr gabs nicht. Wirklich nicht.

Die Franzosen sind auch berühmt für ihre tolle Mode. Aber schaut man in die Schaufenster, dann fühlt man sich um 20 Jahre zurückversetzt. Hier heißt das Kult, dort ist das modern. Darum sind die 68er Unruhen auch so gewalttätig gelaufen. Die Franzen hatten einfach viel mehr nachzuholen als wir. Zentralistisch, autoritär und provinziell, wie sie sind.

Die Franzosen können alle Sprachen der Welt, so lange es französisch ist. Und das sehr schnell. Zahnträs wird auch doppelt so schnell gesprochen nicht klarer, bedeutet aber 130, wenn man es handgeschrieben sieht. Warum sagen die das nicht gleich?

Ungefährlich ist es nicht, die steile Kaimauer runterzuturnen, um das Seil zu holen, auszurutschen, auf den Rücken zu knallen und mit dem Fuß zwischen Mauer und die Bordwand zu rutschen. Und weh tut es auch. Viele lange Tage lang.

Am letzten Tag entdecken Lena und Axel, als Bewohner der hintersten Kabine im Boot, dass sie nicht keine Heizung haben, sondern dass der Schieber der Lüftung geöffnet werden kann.

Immer gibt es einige, die ihr Boot sauber abgeben wollen. Zumindestens von außen. Wir von innen. Und sehen von außen wie die Chaoten aus. Aber die Reinigung ist im Preis enthalten. Und als Schrubber wollen wir diese Fahrt nicht beenden.

Die Benzinabrechnung wurde von Liter auf Fahrstunden umgestellt. Mit der Ergebnis, dass das Benzin nun doppelt so viel kostet wie letztes Jahr.

Das, was man in einer Woche auf dem Boot an Entfernung erfahren hat, schmilzt im Auto auf eine halbe Stunde. Auf dem Boot war es besser.

Auf der dreizehnstündigen Autorückfahrt sind wir zuletzt so fertig, dass schon eine Telefonzelle, die nicht funktioniert, Wutgeschrei und Geheul zur Folge hat. Vorsicht vor dem Tier in mir.

Die Wohnung verlasse so, wie Du sie auf der Rückreise vorzufinden hoffst. Ein unglaubliches Erlebnis nach einer solchen Reise.Nimm Urlaub nach diesem Urlaub. Du kannst ihn gebrauchen.,

Ob wir so etwas noch mal machen werden? Ja. Ja. Ja. Aber nicht in diesem Jahr.

Heraklion
und ich

als mein Reiseführer

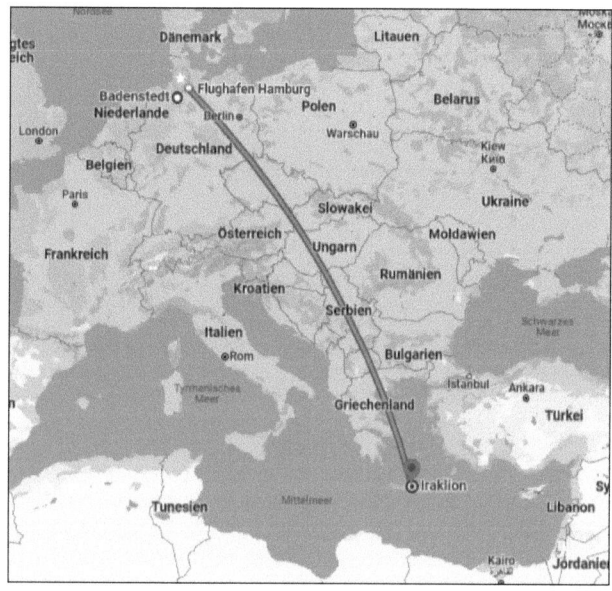

Willst Du nach Kreta, führt an Heraklion kaum ein Weg vorbei.

In einem abenteuerlichen Anflug, dicht über der wunderbar blauen See und schroffen Felsen landest Du kurz neben der Hauptstadt auf der Insel, einem kaum so zu nennenden Eiland, das auch auf den gröbsten Weltkarten noch Orientierung bietet. Im Marco Polo (der mit Recht den Baedecker an Dynamik und Realitätssinn überholt hat) wird die Stadt als Moloch beschrieben - gehe nicht direkt dorthin und am besten überhaupt nicht.

Ein guter Grund, sich irgendwann, gelangweilt vom endlosen Sandstrand (alle Sandkörner sind gleich), der unaufhörlich brechenden See, der immerwährenden Sonne, den konstanten 28 Grad Wärme und den Sorgen der täglich auftauchenden Tageszeitung (übrigens die FAZ ist anspruchsvoller als ich dachte, nur ihr Standpunkt nicht) zu entledigen – kurz: etwas zu erleben. Also rein in den Bus nach Heraklion, als Tourist, nur nicht so verkleidet, ich will was sehen, ohne gesehen zu werden.

Und irgendwann, nach unendlicher Fahrt im supersupermodernen Bus (wo sind sie geblieben, die altersschwachen heißen, gemütlichen Ungetüme?), in dem sich alle fremd vorkommen, nicht nur die Fremden, weg von der frisch geteerten Überlandstraße, rein in die Vorstadt und Stadt. Und schon bricht das Chaos aus - zumindestens in Kopf eines voll entspannten Kreta-Urlaubers.

Um Heraklion zu begreifen, muss man nur eines wissen: Kreta ist eine Felseninsel, also steht viel Stein zur Verfügung. Aber nicht Mauersteine sollten es sein,, sondern der Stein wird zu Staub zermahlen und Beton wird draus. Darum sind alle neuen und mittelalten Häuser hier aus Beton, dem man eigentlich in jede Form gießen könnte, wenn die Griechen nicht den rechten Winkel entdeckt hätten. Der nun dient den Häuslebauern als Maß für alles, was hochgezogen wird.

So sind die Vorstädte von Heraklion ein unfassbares Häusermeer an rechtwinkligen Bauten, hoch, quer, ineinander, übereinander verschlungen, keines wie das andere, eng an eng, und mittendrin die Menschen, die in der Hitze des Schattens hier arbeiten, tun und lassen. Und vor und hinter dem Bus der Strom des Verkehrs, schrittweise, stoßweise. Das nicht mir zu Ehren, sondern immer schon und ich verspreche Dir, wenn Du mal nach Heraklion kommst, dann immer noch. So quält der Bus sich durch diese Stadtlandschaft, hupend, bremsend, wartend, schleichend, fahrend, haltend. Nein, das ist keine Irrfahrt, das ist die Linie von Chania zum Hafen Heraklions.

Aber es ist Hoffnung, denn zwischen den hellgrauen kubischen Häuserfronten blitzt ein Stück intensivsten Blaus durch, nicht der Himmel, nein, das Meer. Und dann wieder und wieder, wir kommen der Erlösung näher. Es öffnet sich der Blick, ein Baum, ein Baum, noch einmal ein Stück See, eine freie Fläche, alte Mauern, alles wird weiter offener, schöner, freier, weit hinten ein Fährschiff und da, die See.

Herrgott (nur dies eine Mal sei er hier genannt), ist dieses Meer blau, wie hat er das nur hinbekommen, dagegen ist der immerblaue Himmel viel weniger als blass. Vielleicht kommen wir zum Hafen, ja, wir kommen zum Hafen, aber erst ein starkes Stück Stadtmauer, Wasser, Boote, Yachten, Menschen und wir sind da. Alles raus.

Ein Schwall Hitze schlägt durch die offene Tür, ja, das war der Vorteil einer Klimaanlage, die man nicht bemerkt, weil sie gut ist. Draußen dicht am Bus vorbei, heiß die Auspuffgase, alles eng auf dem Busbahnhof. Ich bin jetzt in Heraklion. Völlig orientierungslos erst mal ans Wasser, an die reine Luft an die See, etwas unsicheren Schrittes, ohne Willen, keine Ahnung, wohin. Hier ist alles sauber gepflegt, sogar der Schlepper, der die großen Fähren reinholt, hat ein schönes Gesicht. Was ist los mit dem Griechen, der doch sonst nicht von zwölf bis Mittag denkt, wie es uns Willy Deutschmann klargemacht hat, nun gut, es ist die Hauptstadt, und der Tourist ist das Ziel.

Also weiter, in Richtung Innenstadt, entlang schmaler Wege, durch breitere Straßen und langsam komme ich zu mir, in dieser unbekannten Welt. Jetzt werden die Menschen mehr, es wird laut und lauter, hineingesogen werde ich in ein Crescendo ungebremsten Motorenlärms, fremder Gesprächsfetzen und gespenstischer Telefonklingel, auch hier als Beethovens Neunte getarnt. Intensiver Benzingeruch, tausende kleine Läden, hohe Häuser, Autovermietungen, Juweliere, Gewürzläden, Banken und immer bergauf in ein irgendwoes Zentrum.

Wo bin ich, frage ich das Stadtphoto auf einer Ansichtskarte. Du bist im berühmtesten Teil Heraklions, dem schönsten natürlich, also nicht gelogen, da ist die

Mole, die Schiffe, der Hafen, da die Innenstadt, und das da, bin ja wohl ich.

Also setze ich mich in der lärmerfüllten Hauptstraße auf einen Simms eines klassischen Gebäudes und gehe nicht dorthin, wo es was zu sehen gibt, sondern lasse die Menschen zu mir kommen, die unglaublichen Fräuleins, die erschöpften Touris, die wieseligen Männer. Inmitten dieses Infernos genieße ich etwas Ruhe, die fette Hitze und die lauten Motorroller.

Weiter dann und doch sofort angehalten von einem wohlgelaunten Menschen, der mir einen bevorzugten Sitz in einer der vielen Cafébars aufschwatzt, mit Erfolg. Denn ein Frappé, ein eisgekühlter Kaffee mit Wasser, Milch und Zucker ist sowieso das wunderbarste in diesem Land, auch wenn der richtig Euro kostet.

Vor mir ein großer Brunnen mit Löwenköpfen und Wasserspeiern in drei Stockwerken. An ihm geht die Menschenprozession weiter und völlig fasziniert beobachte ich den Popen, so faltig im Gesicht wie sein schwarzes Kleid und so steif wie sein schwarzer Hut. Sein Fahrer begleitet ihn wohl zu einem Frappé zwischen den Sendungen.

Oder die weißgewandete hochgeschmückte Alte, die

ohne Gebiss und Scheu dem Ober eines feines Schwätzchen abluchst - so laut, dass es sogar den Straßenlärm übertönt. Und dies in einer Sprache, die einem gänzlich Geheimnis, aber nicht unverständlich ist. Denn es sind Menschen.

Aufbruch dann, durch eine schmale Gasse in einen kleinen Park. El Greco steht unter der Büste und auf der Büste sitzt eine schwarze Taube und sonnt sich auf dem Kopf des Großen, ihn lebendig überragend. Zurück in eine Nebenstraße, eine Fußgängerzone, frei von Autos, um so voller, ein Markt mit allen Menschen dieser Welt und dicht an dicht mit den tausenden Dingen, die man braucht und nicht.

Nun zerfließen die trennenden Schranken zwischen den Menschen, und man begibt sich auf einen gemeinsamen Rhythmus, auf gemeinsame Schwingungen.

Auf der Suche nach einem Stück Papier und einem Stift, dies alles festzuhalten, lande ich in einem Keller voller Bücher mit nicht zu entziffernden Buchstaben bei zwei Herren, die es sich beim Kaffee dort unten gut gehen lassen, als warteten sie seit Millionen Jahren nur auf mich, um dann, wenn ich wieder weg bin, gänzlich unsichtbar zu werden. Um dem Ganzen einen Hauch von Wirklichkeit zu verleihen, wollen sie mir einen drei Jahre alten Kalender verkaufen und weisen mir dann doch den Weg zu einem Laden, der wohl hat, was ich brauche.

Dort, hinter tausenden von Zeitschriften, die nur ein schmales Loch in die Dunkelheit frei halten, bekomme ich gereicht, was ich suche. Weiter dann, hinter vier Musikanten her, die mit drei Akkordeons und einem Geldsammler einen heißen Tanz aufführen, hinter der jede Rockgruppe alt und sehr alt aussieht. Der Akkordeonist schafft es sogar, sein Akkordeon auf dem Kopf zu spielen, immer ein Lächeln im Gesicht und tief in die Knie gehend. Sie singen tanzen und sammeln - den ganzen Tag können sie gute Laune produzieren für ihr täglich Brot. Ich habe zwar kein Geld für sie, auch die reichen Gäste der Restaurants halten sich zurück, aber ich klatsche laut und dankbar für diese Vorstellung.

Ich werde müde, wieder runter zur See, raus auf die riesige Mole, die Steine bewundernd, die ein paar hundert Jahre schon dort aufeindergeschichtet den Wind, die See und die Feinde abhalten. Von den Fischerbooten fährt nur eines hinaus, der Mann am Steuer und die tiefschwarz gekleidete Frau, die die

Netze ordnet,

Über allem die Sonne, unter mir die See und vor mir der Bus, der mich wieder zurückfahren soll, aber ohne mich fährt, weil ich Sekunden zu spät komme. So sitze ich unter dem schützenden Dach der Busstation, schreibe dies auf und bin froh zum menschlichen Geschlecht zu gehören.

Später dann, viel später, befrage ich Marco Polo nach meinen Erlebnissen und erfahre, dass die Stadtmauer venezianischen Ursprungs ist, der Platz, an dem ich saß, Platioa Venizelou heißt und der Brunnen, der berühmteste überhaupt, der Morosni Brunnen ist und dass von dort, genau von dort, alle Verkehrsadern Heraklions ausgehen, dort, wo ich gesessen habe, ohne fremden Reiseführer, nur ich, als mein eigener.

MALLORCA

Als Gast einer und meiner Familie

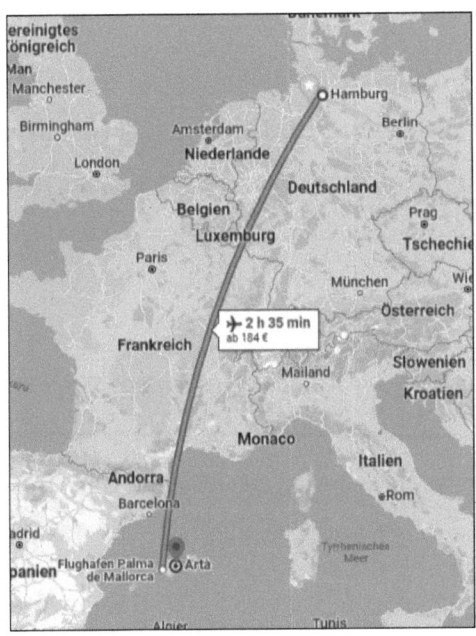

Gut, ich habe jetzt nur eine Nacht geschlafen, bin von dieser Reise immer noch beeindruckt. Wahrscheinlich brauche ich einen ganzen Tag, um mich zu erholen. Das einzig Reale, was mich an diese Reise bindet, ist der Hahnenschrei, die auch hier Zuhause mein Leben und meine Arbeit kommentiert.

Der Hahn, der mich auf Mallorca gern weckte, hat eine ganz eigene Sprache: Ein dominantes hohes Kikeriki, das sich langsam absenkt um dann mit einem tiefen Laut beschlossen zu werden. Das war der Hahn, der den täglich blauen Himmel einläutete, mit dem der Tag auf Mallorca in aller Regel beginnt. Und es war nicht nur der eine Tag, es waren vier Nächte, die mir die liebe Sarah inklusive Flug hin und zurück geschenkt hat. Wie man zu so etwas angemessen Danke sagen kann, ist mir noch etwas rätselhaft.

Fuhr mit meinem Auto nach Hamburg, stellte es in der Nähe einer U-Bahnstation ab, ließ mich zum Flughafen fahren und flog in einer ultraengen Ryanair nach Palma. Leider war der Platz am Fluhafen, an dem ich mich mit der Familie treffen wollte, nicht klar definiert.

So wartete ich, wartete ich und wartete ich bis ein genervter Handyanruf von Sarah nach mir schrie. Es dauerte noch mal eine stressige halbe Stunde, bis wir uns gefunden haben. Säule C4 wird in Zukunft der Treffpunkt sein.

Und dann raus in die Hitze, per Shuttle zu dem modernen Renault, den Dirk und Sarah gemietet hatten. Und dann noch ein Stunde Fahrt über die Autobahn Richtung Arta.

Zum meinem Unglück stellte sich heraus, das auf dem Weg nach Mallorca zwischen all den Corona- und Flug-Bescheinigungen mein Ausweis verloren gegangen war. Vollalarm! Ob ich jemals aus Mallorca wieder rauskomme, ist nicht sicher. Sarah, sauer über die zusätzliche Belastung, telefoniert mit dem Konsulat und macht Hoffnung, das alles irgendwie gut geht. Dirk, der Coole, behält die Nerven. Der gemeinsame Besuch bei der Polizei zur Beweissicherung der Sachlage offenbart zwei Fakten: Die Polizisten sind freundlich und hilfsbereit, ein Berliner Polizist auf Auslandseinsatz in Arta ist völlig normal, und die Polizisten tragen kapitale Pistolen, die schon optisch

Respekt einfordern.

Ich weiß nicht, ob du eine Finca kennst. Da ist alles
etwas roher, etwas untypischer, nicht so sauber gefegt,
sondern sonnengebrannt. Allein der Zaun um unsere
Finca: aus rohen Zweigen zusammen geschnitten,
locker gebunden, so, dass die umherlaufenden Hühner
und Hähne kein Problem haben, sich da
durchzuwuseln.

Das Haus, ein Eigenbau, schön, praktisch rustikal.
Natürlich aus den Materialien der Umgebung gebaut.
Zwei Stockwerke für zwei kleine Familien.

Die Terrasse vor dem Wohnzimmer. Von einem
ultrastabilen, selbstgebauten dickholzigen Tisch mit
Platz für 8 Menschen, vor Sonne geschützt durch
Bäume und Sträucher, das alles auf Naturfliesen,
handgebrochene Ränder und Flächen, völlig
unregelmäßig. Die stählernen Rahmen der schweren
Stühle selbst gebogen und geschmiedet, die hölzernen
Lehnen schief und stabil mit stählernen Schrauben
befestigt.

Oder man sitzt auf einer steinernen Mauer, denkt an nichts oder alles, genießt die Sonne, die große Ruhe und wenn man lesen will, dann die Zeitung der letzten Woche, um sich endlich mal auch etwas tiefer zu informieren, als mit dem oberflächlich aus dem Netz gesaugten.

Geschlafen habe ich im unteren Teil eines Stockbetts, nur bedeckt von einer leichten Decke, mit dem Blick auf den Balkon im oberen Teil des Hauses und den Himmel und lasse mich am frühen Morgen gern von dem Duft eines frisch gebrannten Toasts wecken.

Und dann, wenn man früh genug aufgestanden ist, kommt Sarah noch etwas übermüdet. Oft genug haben die Gören in der Nacht dafür gesorgt, dass es ihr schwer fällt, gut gelaunt zu sein. Dann begrüßt einen Dirk, wie immer ernsthaft, aber sehr freundlich und fragt wie man geschlafen hat. Nur selten frage ich andere, wie sie geschlafen haben, das fiel mir auf.

Gelegentlich wieder frag ich mich auch in in diesen Tagen, was nun selbstverständlich sei, was von mir erwartet wird, was ich zu geben bereit bin, was die

Situation als solche überhaupt erfordert – eine
befriedigende Antwort habe ich mir nie gegeben. Ich
hab dann einfach oft abgewaschen, das kommt immer
gut.

.

Frühstück dann. Etwas Butter, etwas Wurst, etwas Käse
und vor allen Dingen ein Kaffee. Die Küche: vor allen
Dingen ein Gasherd, der mir zuhause immer fehlt. Und
eine Spüle, die in den nächsten Tagen zu meiner
zweiten Heimat werden sollte.

Und nun die Kinder: Juni, die mit ihren neun Jahren die
Phase des triumphierenden Trotzköpfchens nicht nur
durchlebt sondern auch kultiviert. Zu ihrer und meiner
Schande muss ich gestehen, dass es auf dieser Reise nie
zu einem wirklichen Kontakt kam. Aufgrund ihrer
komplizierten Familiensituation (Patchwork) lebt sie
außerhalb des Urlaubs in zwei Haushalten, und ist sich
nicht zu schade, ihre Mutter darob zu lieben und zu
quälen.

Mascha, das Kind von Dirk und Sarah, ein
liebenswertes Mädchen von zwei Jahren, das es mit
einem einzigen Lächeln schafft, alles vergessen zu

lassen, was einen bedrückt. Und Mascha lächelt viel.
Das liegt auch daran das sie es mit ungeheurer
Schreiwucht schafft, ihre Bedürfnisse durchzusetzen.
Mascha mochte mich so gerne wie ich sie. Darum
musste ich als Opa sie bei jedem unserer Ausflüge mit
dem Auto aus den Gurten befreien. Andere durften das
nicht. Es war mir eine Ehre.

Sarah, die Mutter. Sie Ist die älteste meiner drei
Töchter und verhält sich auch so. Einerseits
vernunftgesteuert, andererseits träumt sie von einer
Zeit, in der sie sich ohne Kindererziehung ihrer Arbeit
widmen kann. Und so kämpft sie um ein
ausgeglichenes Leben zwischen Freude und Frust und
versucht den hohen Ansprüchen ihrer Töchter gerecht
zu werden. Und irgendwie versuche ich, ihr gegenüber
eine akzeptable Rolle als der Vater und Mensch zu
finden, der ich sein sollte und wollte.

Ein gefühlt langes Gespräch mit Sarah zeigte mir, wie
kompliziert unser eigenes Familienleben, damals mit
Michaela, der Mutter von Sarah, war, wie wenig ich
von Vielem nicht mitbekommen habe, obwohl ich mich
immer als guter Vater verstand.

Ein anderes Gespräch mit Sarah, deutlich kürzer, in dem es darum ging, dass Gefühle Erinnerungen noch nachträglich stark erlebbar machen. Dieser Gedanke wurde mitten im Satz unterbrochen, durch einen Laut von Mascha, die gerade aus dem Mittagsschlaf erwachte. Der Satz wurde nie zu Ende ausgesprochen, denn Sarah ist eine Mutter, die vor allem ihre Kinder bewacht, betreut, umsorgt.

All dies begleitet und gesteuert von Dirk, der mit seinen langen Haaren und Bart den Achtundsechziger Berlinern ähnlich sieht, obwohl er einen verantwortungsvollen Job in einem Unternehmen hat, den er in diesem Coronazeiten vom Laptop aus erfüllt. Auch Dirk hat eine komplizierte Elterngeschichte, die ihn nicht nur glücklich gemacht hat. Aber mit Dirk konnte ich ganze Sätze und ganze Gedanken zu Ende führen, so dass wir uns Einiges aus unserem Leben erzählen konnten.

Die Gastgeber unserer Finca bewohnen ein anderes Haus auf dem großen, wilden Grundstück. Rolf ist ein Altfreak, der es mit sagenhaftem Fleiß und großen

Fähigkeiten geschafft hat, mehrere Häuser auf seinem Grundstück selber zu bauen und diese zum Teil an Gäste zu vermieten. Das Grundstück zeichnet sich durch ein hohes Maß an Chaos aus, wird von vielen tausend Teilen beherrscht, die alle für irgendetwas oder auch nichts zu gebrauchen sind. Von den drei Autos geht wohl eines oder keines.

Vroni, Rolfs Frau, eine der schönsten 60-jährigen die ich je gesehen hab, wahrscheinlich so schön, weil sie auch klug und humorvoll ist. (Sollte Rolf einmal frühzeitig gehen, ich bin bereit.) Vroni bringt uns Eier zur Begrüßung, gelegt von eigenen Hühnern, die überall rummachen. Die Eier stießen bei meinen Gastgebern auf höchste Bedenken. Hahnentritt oder ähnliches wurde vermutet. Ich als nachkriegsgeprägtes Landei esse alles, was auf den Tisch kommt.

Vroni und Rolf schämten sich nicht ihrer Nacktheit und badeten mit uns im Mühlenteich. Ein Riesenbecken, das von einer Betonmauer ummantelt wird, tief genug zum Schwimmen, und nicht nur von frischen Wasser gefüllt, sondern auch von Blättern, Mückenleichen und Buschresten, der Rand von Entenexkrementen nur notdürftig gesäubert. Grenzwertig aus der Sicht sauberkeitsfixierter Großstadtmenschen, die sich unter Allinclusive so etwas wohl kaum vorstellen wollen.

Aber bei der großen Hitze ist baden oder nicht baden keine Frage, und so entscheidet man sich, die Realität so hinzunehmen, so, wie sie ist. So ist dieses Becken, in welcher Verfassung auch immer, in diesem Moment das Schönste und Beste, was man sich vorstellen und erfüllen kann. Also planschen, schwimmen und paddeln, wie es uns gefällt.

Ja, Mallorca ist auch Strand natürlich. Besser gesagt, Strandbuchten zwischen niedrigen Wäldern oder rauen Felsen. Die Sonne sticht spürbar mehr als in unseren nördlichen Breiten und ist praktisch immer da. Die gelegentlichen Wolken werden gern gesehen. Das Wasser ist herrlich warm und unglaublich klar.

Wir liegen ganz familiär unter drei Sonnenschirmen, um nicht einfach wegzubrennen. Und gehen immer wieder ins Wasser - herrlich angenehm, volle Kanne Urlaub. Allerdings, die See kann auch ganz schön tückisch sein. Die ein Meter hohen Wellen haben echte

Brandungsqualitäten. Für Juni ideal zum Wellenreiten, für mich wartete ein derber Wellenschlag auf und in mein Ohr, der mich schmerzerfüllt taumeln ließ und mich noch Tage später dran erinnerte, dass mit dem Meer nicht zu spaßen ist. So verzichtete ich leider und lieber auf die kleinen Tauchabenteuer mit Juni und Dirk. Dabei hatte ich nichts Unrechtes getan, die Welle meinte bestimmt jemand anderen. Zurück vom Strand dann zum klimageschützten Renault SUV Mini. Ein bisschen Luxus ist auch nicht schlecht.

Wir leben in der Nähe von Arta, nordöstliches Mallorca. Ein Städtchen, das nicht vom Tourismus vergewaltigt wurde, dessen Häuser meist so nahe beieinander stehen, dass kaum zwei Autos aneinander vorbei fahren können. Schöne alte Häuser dicht an dicht und im Zentrum eine Fußgängerzone, die ihren Namen verdient. Wer dort vor einen Kaffee sich die Zeit nimmt, Menschen zu beobachten, wird mit tausenderlei Eindrücken belohnt. Auch ohne Buch oder Zeitung keine Langeweile.

Arta wird gekrönt von einer Kirche und einer Burg, alles gut erhalten, herausgeputzt und geschichtsträchtig.

Kann man sich gut vorstellen, wie die Verteidiger dem Angreifer tief unter sich die Zunge herausstreckten oder mit Pfeilen bekämpften.

Auf gelegentliche Wanderungen habe ich verzichtet, weil ich es nicht geschafft hatte, den Glassplitter rechtzeitig aus meinem Fuß zu entfernen und somit mehr oder weniger schmerzverhaftet meinen Gastgebern etwas auf den Geist ging.

Ein Höhepunkt: Das gemeinsames Essen mit einem Garnelenmahl, das alles schlägt, was ich auf diesem Gebiet je genossen habe. Dies gewürzt von einem intensiven Gespräch über Michaela, Sarah, die Kinder und mich, das mir über einige nicht so schöne Dinge die Augen öffneten. Aber all das wurde überstrahlt von einem gemeinsamen Eisgenuss auf Marktplatz.

Früher Morgen dann, aufstehen, Kaffee trinken und Dirk, der Gute, der mich durch den erwachenden Pendelverkehr eine Stunde zum Flughafen fährt, darauf achtet, dass beim Check-In in alles seine Ordnung hat und der fehlende Ausweis Eurowings nicht irritiert. Hat geklappt.

Mehr als eine Stunde muss ich auf den verspäteten Flug warten aber dann ab nach Hamburg, zweieinhalb Stunden auf einem kaum gefederten Sitz (aua), weiter durch den Hamburger Flughafen, rein in die U-Bahn, aussteigen wegen Baustelle, weiter fahren im Bus, einsteigen in eine andere U-Bahn, weiterfahren, die Station vergessen, zurückfahren, aussteigen, das Auto finden.

Ja, das Auto steht noch dort, wo ich es abgelegt hatte, springt sofort an und los geht's, noch eine Stunde bis nach Godenstedt.. Willkommen in der Realität.

DEUTSCHLAND
SCHWARZBROT

**Draußen leben und schlafen
in Scotland und Devon**

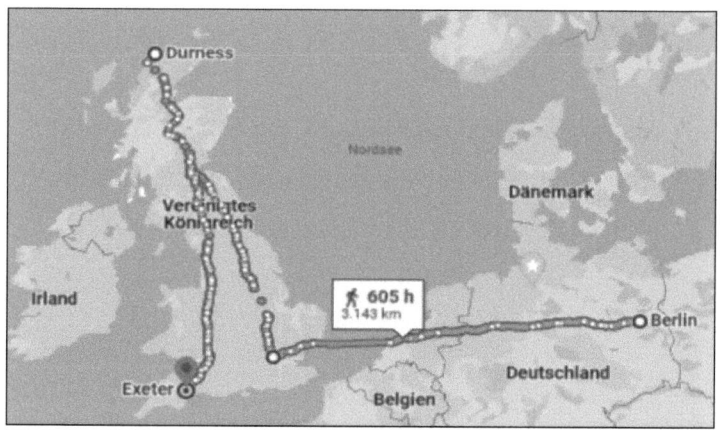

Eine Meile nun von Berlin weg

schreibe ich es nieder.

Es ist Dienstag.
Ich sitze im Wald auf der Erde,
und über mir
halten die Alliierten drohend
ihre Flugzeuge in der Luft.

Sie sind berechtigt
in Zeiten ihrer Angst
Lärm zu machen:

Oh,
das möchte ich haben.

Bei so viel Lärm in der Luft
schweigen die Vögel
im deutschen Grunewald.

Da - ein Vogel schreit.
Und in der Luft ist es stiller geworden.

Abfahrt 4. Juli.

Jeden falschen Schritt,
den ich gehe,
werde ich zurückgehen müssen.
Ich denke dabei
an den Weg,
den ich gehe,
den ich nicht zurückgehe.
Ich gehe.

Ich gehe an die Autobahn nach Hannover
und warte mit vielen Kollegen,
dass mich jemand mitnimmt in seinem Auto.
Ich spiele kräftig Gitarre,
dass uns die Zeit nicht lang wird.
Als ich mich dann entschließe,
mich selbst um ein Auto zu kümmern,
hält eines dicht vor meiner Nase,
und ich darf einsteigen.
Drinnen sitzt ein Mann,
dem gehört ein Haus auf den Hybriden.
Er nimmt mich mit
bis Helmstedt.

Gegangen bin ich dann ins Grüne,
dicht an die Autobahn vor Köln,
habe mich ins Gras gelegt

und bin voller Angst eingeschlafen.
Das kleinste Geräusch erschreckte mich,
als ob ich etwas Verbotenes tun würde.

Morgens in der Dämmerung
wecken mich Stimmen, ganz nah.
Ich erstarre.

Der Mond scheint als Sichel.
ALLE FARBEN HABEN EINEN TIEFEN,
BRAUNEN SCHIMMER.

Ganz hart,
ganz stark
muss ich werden können,
um die Natur zu verstehen.
Ständig und gelassen.

Es ist Sonnabend, der 5. Juni.
Die Autos sind voller Menschen.

Eine Stunde stehe ich an der Auffahrt
mitten in meinen Schmerzen.
Ich winke und spiele.
Ein Motorradfahrer hält,
will mich dann doch nicht, als er meine Gitarre sieht.
„Die reißt Dir weg", sagt er,
„aber dich nimmt schon jemand mit."
Nach einer weiteren Stunde glaube ich ihm
seine Worte nicht mehr.

Ich fahre mit dem Bus nach Bottrop zum Bahnhof.
Gut und klar.
Löse eine Fahrkarte nach Ostende
und bin abends dort.
Das kostet 50 Mark.

Ein Käfer kriecht über die Schreibmaschinentastatur.
Eine Spinne baut sich ein Nest mittendrin.

Die westdeutsche Garde stirbt
auf der Suche nach Gold.

Gierig schlupfen sie
weißgedorrtes Elfenbein
in ihr zugeordnetes Maul.

Und wenn sie zu viel wollen,
dann können sie nicht mehr.
Es sei denn,
sie nehmen
den Krampf,
die Krankheit,
das Übergewicht,
die Verkrüppelung,
das Eigenartige,
das Normale
in Kauf.

In Ostende schlafe ich in der Jugendherberge.
Dort machen sie mich klein. Ich bin jetzt 32.

Die Belgier haben schlechte Laune.
Weil sie nicht wissen
warum.

Great Britain.

WAITING ROOM.
LADIES ROOM.

personal tailor.

The Queen.

Victoria Station.

100 Mark sind 18 Pfund 10 Schilling
100 durch18 sind 5,50 das Pfund.

Cricket.
Die Spieler sind in Weiß gekleidet.
Weiß Gott,
auch die Schwarzen, die Armen, die Feinen.

Ich stehe auf, gehe über einen Weg voller roter Waldameisen –
wie viele habe ich jetzt getötet? - und will mich an einen Baum
lehnen. Der Baum lebt. An ihm laufen Hunderte von roten
Waldameisen rauf und runter. Sie arbeiten, denke ich, und sehe
erst jetzt, dass viele, die wieder runterkommen, überhaupt nichts
tragen. Philosophen wohl.

Vorhin ein Schild:
Vorsicht Panzer!
Da war eben einer.

Ich wage es kaum zu schreiben -
es kommt so plötzlich:

Die Köstlichkeit des Gefühls

Das ist,
wenn man gesund ist.

Ich traf eine kanadische Mutter in Schottland, die hatte fünf
Kinder bei sich, alles nicht mal ihre. Sie trampten zusammen
durch Schottland und waren nicht langsamer als ich, der mit
dem Bus fuhr. Auch ihre achtjährige Tochter musste ihr
Päckchen selbst tragen. Das ist ein großer Rucksack in
Schottland, zum Leben. Ich spiele mit dem Mädchen in einer
Herberge, da schlägt sie nach einer Fliege, ganz kalt, ganz
automatisch und hat eine Brille auf der Nase. Die Fliege
bekommt von mir einen Namen. Ich erkläre sie zu meinem
Besitz und erlaube dem Mädchen nicht, sie zu töten.

Die Jugendherberge im Holland Park, London
ist voll. Sie schicken mich weiter, in die
KENSINGTON PALACE BARRAKS.
So sehen die aus.

A strange house
for strange people.

mit Trampern, die müde sind
vom Lärm
und der Hitze.

Das will ich nicht.
Das habe ich schon.
Und habe Geld.

Ich fahre zurück in die Stadt

In Lärm und in Ruhe.
Von Euston Station nach Glasgow
11,89 Pfund
1 Uhr 45 Uhr nachmittags
Plattform 13.

Jetzt sitz ich im Zug
nach Glasgow,
und das kostet mich über 60 Mark.
Kein großer Preis für das Vergnügen
fahren zu lassen.
Danke.

Der Zweifel nagt,
ob und wann
es richtiger gewesen wäre,
nicht mit dem Zug zu fahren,
überhaupt nach Schottland zu fahren,
oder besser zur Frau,
die ich lieben kann.

Es ist eigentlich kein klarer Gedanke.
nur eine Unzufriedenheit,
die All-Gemeine.

Bis ich herausfand,
dass die Scheiben in dem Zug
dunkel getönt waren.
Kein Wunder:
traurig.

Glasgow. Hier ist es kühl. Industrie. Hart.
Dunkel. Schwarz. Arbeit.
Celtic Glasgow, katholisch.
Glasgow Rangers, evangelisch.
Celtics Manager schwer verletzt. Autounfall.
Durch die Straßen am Bahnhof
wird ein schwerer Wagen gezogen.
Gezogen von mächtien, schwarz-weißen Kaltblütern.
Black & White, schottisch.
Die Stadt ist gebirgig.
„Hello, can you play?", rufen zwei Mädchen
auf meiner Suche nach einem Schlafplatz.
Ich gehe hin zu ihnen. Sie wollen, dass ich Gitarre spiele,

Aber Gitarre ist jetzt nicht dran.
Sie sind ganz jung und alt geschunden.
Sie schämen sich.
Ich fürchte, dass sie sehen,
dass ich sehe und nichts tue.
Wir raten miteinander unser Alter.
Wo ich herkommen, ob ich einen Girlfriend habe,
Arbeit. Wo ich hin will.
Sie arbeiten hier,
werden für die Industrie ausgebildet,
das tut weh.
Wir spielen.

Veronica spricht hart und schnell,
sagt was zu mir, ich verstehe nicht.
Sie schreibt es mir auf:

Next time are passing Through This way
Please let us know, how you are placed.
VERONICA Mc Clade
und ihre Adresse natürlich.

Als ich so weiterkomme, treffe ich auf eine Kirche.
Hier hat die so nah an dem uralten Kirchturm gebaut,
dass er jetzt ihr gehört.

THE BANK OF SCOTTLAND.
Veronika!

Ich muss unheimlich aufpassen,
dass ich nicht
zum Angeber werde.

<u>Glasgow.</u>

Als ich mal sprechen wollte
und nicht konnte,
sagten sie zu mir,
ich spräche wie ein Waliser,
in Schottland.

open your heart, Richard,
open your tongue,
open your heart, Richard,
please cannot be wrong.

Von Glasgow
nach Ford Williams
drei Pfund 15.
Da drüben im anderen Zug
liest ein Blonder
zwischen sich und der Frau
Franz Kafka: Das Schloss.

Trost und Rat
kommt vor der Tat.

Das Letzte von Glasgow: Esso.

Fort Williams liegt einödisch,
nordklar. Man ist schon etwas Besonderes,
nur, weil man dort ist.

Ben Nevis ist der höchste Berg Großbritanniens.
Ich sitze an seinem Fuß
in wenigen hundert Metern Höhe
über einem Flusstal
und sehe tief die Landschaft.
UNTER MIR FLIEGT EINE MÖVE.

Die Weite des Unterbauches,
die Entspannung der Gesamtheit.
Mir denn,
Dir denn
Je.

Noch verschlossen
Aufmachen
Es ist ein Dreh
Körperlich
Stark
Ich suche
Einen Satz
Ankommen
Abfahren
Loslassen
ZU ENDE
<u>GEHEN</u>
3

Bagpipes
Rg.Lawrie. Ltd.
Ranfield Street
Glasgow/Scotland
(Falls Du mir einen Dudelsack schenken willst.)

11. Juli. Fiona und Gill aus Aberdeen lerne ich kennen.
Gill bekommt das Feuer im Gasherd nicht an.
Ich bekomme das Feuer im Gasherd an.
Fiona und Gill können am Abend Toast genießen.
Wir gehen einen trinken.
Drauf.

Ich verliebe mich in Gill,
und warum sie lacht.

In dieser Nacht träume ich
in einen Zug gestiegen zu sein,
der nicht in meine Richtung fährt.
Vor dem Bett kniend wache ich auf

und

AM BERLINER BUNDESTAG STEHT
EINE GRUPPE SCHWARZER INDIANER.
SIE TROMMELN EINEN RHYTHMUS
DEM ICH BEIPFLICHTE, MITMACHE.
ZWEI INDIANER STEHEN VORN
UND STOSSEN SICH MESSER UND HAKEN
IN BEIN UND NASE,
OHNE DAS GESICHT ZU VERLIEREN!
BEI EINEM SEHE ICH DEUTLICH
DIE WUNDEN AN DEN NASENFLÜGELN!

Sie nennen mich Hans
in Schottland.

Im Regen und Nebel
steige ich auf dem höchsten Berg
der Britischen Inseln.
So stark,
so schnell,
dass ich mich oben verirre.

Und als ich wieder unten bin,
ziehe ich meine Schuhe aus
und betrachte meine Wunden.
„Hi", sagt der Herbergsvater.
„Very high", sage ich.

Ich ruhe mich aus
und fahre weiter nach Inverness,
das liegt auf der anderen, östlichen
Seite Schottlands.

In Inverness.
Hier rufen die Möwen
so laut, dass sie
den Straßenlärm
weit übertönen.
Hier scheint abends
die Sonne wieder,
nachdem ich sie
tagelang nicht mehr
gesehen habe.
Hier auf dem Berg
zur Burg, über den Fluss,
entdeckte ich ganz sacht
die Kraft und
wo sie herkommt.
Ich höre
Dudelsackpfeifer ziehen
durch die Stadt.
Mit Trommeln und gemessen.

THE NATURE OF GILL.

Mensch, Mensch, eh, hier geht's lang,
mach es Dir selber besser,
dann wird Dir nicht bang.
Und kommt es ganz anders,
dann wirst Du verstehn:
dort, wo es hingeht,
das hast Du gesehn.

Belogen wird der lügt,
betrogen wird der trügt
Wird gut gemacht vom guten Mann,
Mensch, schau Dir deine Arbeit an.

Mensch, Mensch, ey, hier geht's lang,
von hinten, von vorn,
dir wird nicht bang.
Eins machst Du selber
das andre wird klar,
ein Mensch geht alleine, eh,
wunderbar

Mensch, Mensch, ey, hier geht's lang,
mal drunter, mal drüber,
Dir wird auch mal bang.
Natürlich willst Du leben, sei kein Idiot,
das Beste musst Du geben,
Du gibst es in der Not

Belogen wird der lügt,
betrogen wird der trügt,
das alles machst Du nicht mehr mit,
Mensch, Mensch, nun liebe Dich

Auf einer Waage
in Schottland
wiege ich 14 Stones
oder 170 lbs.

Die Stones sind mir lieber.

Unter Männern:

Der Dudelsack
wird geblasen
mit spitzem Mund,
vorn.
Die Augen blicken
auf alles,
was sich nicht bewegt.

Das erste Gesetz:
Sei froh, dass Du lebst.
Das zweite Gesetz:
Sei froh, dass ist kein Drittes gibt.

Dann esse ich
ausgiebig und ereignisfroh
im Ness-Café
1 Juice
1 Soup
1 Steak
1 Meringue
1 Coffee
für 2 Pfund 1

Ich luge nach Bed & Breakfast.
Ich klingel unter Zagen an einer Tür.
Als der mich sieht:
„I´m afraid,
we are full.
Do you understand me?"
Ja, ich tue
und schlafe in einer alten, halb abgebrochenen Scheune
unter der Aufsicht einer Katze und habe immer wieder Angst.

Ich fahre mit der S-Bahn
Richtung Sonnenallee. Es geht los:
Ich sitze am Fenster und starre
hinaus in die Dunkelheit.
Krachend fährt eine Faust
auf das Fensterbrett hinter mir.
Eine Stimme brichts heraus,
erst undeutlich, dann ganz genau:
„Wir werden weitermarschieren,
bis alles in Scherben fällt.
Und heute gehört uns Doitschland
und morgen die ganze Welt."
Immer wieder wird der Takt mit der Faust geschlagen.
Er, ein Mann, spricht, lallt wie ein Betrunkener
zur Kompanie.
Wenige Worte sind verständlich.
Parole: „...dies, das und ran...wir
werden weiter marschieren."
Und „Früher habens alle gern gemacht,
heute will keiner mehr das gewesen sein,
was er gewesen ist."
Und lange, stark zerstörte Passagen.
Er steht auf, geht zur Tür
und jetzt sehe ich ihn:
Blond. braun, Mitte Dreißig,
ich kann mich irren.

Wir steigen zusammen aus, er torkelt nicht.

Die letzte Bahnstation im Nordosten ist Wick.
Ich in Wick.
Bed & Breakfast
bei Mr. and Mrs Munro.
Gut bis sehr gut
bürgerlich.
Ein ganz kleines Zimmer
für mich. Ein Bett.
Eine Badewanne. EINE BADEWANNE.

Ein Spaziergang,
der Nebel liegt dicht und schwer.
Ich gehe zum Hafen.
Die Straße, klein, eng.
Die Häuser uralt,
schon vergessen,
zugemauert.
Das Wasser ruhig,
Nebelhorn.
Ganz still. Ein Angler.
Er grüßt.
Ich grüße, so gut ich kann.
Langsam, es wird dunkel.
Ich gehe zurück
und nehme eine Plane mit,
die ich finde. Wasserdicht.
In der kann ich schlafen, wenn es regnet.

Mrs. Munro redet viel
diesen Abend und macht mich krank.
Sie haben einen Hund, der frisst Süßigkeiten.
Mr. Munro legt ihm einen Keks vor die triefende
Schnauze und wartet. Der Hund wartet.
Erst auf ein kaum merkbares Kopfnicken
seitens des Herrn frisst der Hund den Keks.
Mrs. Munro kann das auch.

Am Tag
ZENTRALISMUS
FASCHISTENSEX
VERGEWALTIGUNG
UND ABENTEUER
UNTER DEM ZEICHEN DES HAKENKREUZES

Ich kann nicht mehr:
Bei Munros wieder
sehe ich mich um:

Auf dem Kamin
stehen Bilder von Menschen
die haben große schwarze Hüte
auf dem Kopf.
Doktoren, Magister, Silentium.
Die Kinder.
Der Kamin ist geschlossen.
Vor ihm steht ein verchromtes Gebilde,
Kamin vortäuschend, aus Kunststoff, Blech etcetera.
und elektrische Röhren, die die Hitze geben.

In der Ecke
auf dem Tisch
ein 2800-Pieces-Puzzle.

Und wenn Du nicht gestorben bist,
setzt Du Dich an das wohlgestimmte Klavier
und träumst von besseren Zeiten.

Ich denke immer,
dass ich nicht genug Zeit habe
zu schweigen. Zeit ist Geld.
Ich nicht.

At longue-time
with Munro-Family.
Sie reden über Ihre Interessen.

Am Abend
regnet es
Dogs & Cats
wir Mr. Munro
beliebt dreimalhintereinander
zu scherzen.
Zweimal zu mir
und einmal zu seiner Frau.

Am Morgen spielten Mrs. Munro
sanft und elegant
und nur für mich
ein altes
schottisches Volkslied
auf dem Klavier.

Wir fahren dann nach Norden im Auto.
Ein Schotte und eine Schottin
haben mich mitgenommen,
Sie wohnen auch bei Munros.
Plötzlich halten wir, mitten auf dem Land.
Es gibt nichts Außergewöhnliches zu sehen, denke ich.
Aber das Gras riecht gut.
Wir gehen über eine Wiese.
Wir machen uns die Schuhe dreckig.
Und dann sehe ich das Meer
und die tiefe Schlucht, ausgewaschen.
Wir stehen auf einem Felsen,
wohl 50 Meter über der schallenden See,
blicken hinunter in den braunen Stein,
der sich geöffnet hat -
eine tiefe Kerbe ins Land hinein.
Und über allem hörst Du das Schreien
der tausend tausend Seemöwen:
das Kakeln, das Rufen
das Ziehen, das Schreien.
Sie sitzen in ihren Nestern
senkrechter Felswand
und ziehen auf die Jungen.
Kormorane tauchen nach Fischen,
Pinguine ja watscheln
auf den schräg aus der See ragenden Klippen.

Auf der Spitze unseres Felsens
stehen die Überreste einer alten Burg.
Maria Stuart oder so.
Die Steine hat der Wind gefressen,
ihre Schichten liegen bloß.
Ich fasse an,
wo sie früher angefasst haben mögen.
Es ist Schottland.

Wir fahren weiter nach John O´Groats.
Ich stehe vor dem letzten Haus
nördlich Britanniens Boden.
Hier werden Ansichtskarten verkauft.

John O´Groats war der Mann,
der ein Haus mit sieben Türen
um einen Tisch mit sieben Seiten baute.
Er schlichtete so einen Streit
zwischen seinen sechs Söhnen.
Jeder von ihnen wollte an der Tür sitzen.

Nördlicher geht es auf dem Festland nicht.
Hier bleibe ich erst mal.
Ich gehe in die Jugendherberge
und treffe die Frau mit ihren fünf Kindern wieder.
Wir lachen uns an.

Eine Kuh brüllt
nachdem ich nun gesungen habe.
Und stöhnt.

Dicht über Land rollt von fern
eine sehr breite graue Wolke
auf mich zu.

Mit rasender Geschwindigkeit nähert sich
die kilometerbreite Walze,
den Boden ganz und gar bedeckend,
hüllt alles ein,
hinter ihr kein Widerschein mehr
von der grünen, satten Landschaft und dem Meer.

Und in Sekundenschnelle
hat sie mich erreicht,
umschlingt,
feuchtet mich
und treibt weiter.

Ich stehe im Nebel.

Bei John O´Groats gehe ich an der Küste entlang. Es regnet. Der Strand ist mit großen Steinen bedeckt. Ich komme langsam voran. Jeden Stein muss ich bespringen, beklettern, betasten. Nass sind sie, rutschig und keiner wie der andere, der Stein. Robben tauchen aus dem Wasser auf, runde Augen im tiefschwarzen Kopf, begleiten mich. Wenn ich nicht mehr kam, setzte ich mich nieder und spiele Gitarre unter dem Poncho. Irgendwann geht es dann nicht mehr weiter, der Felsen ragt steil aus dem Wasser. Ich werde für lange Zeit still, muss halten. Und dann steh ich auf, ruf ich, schrei ich, gehe zurück, kletter und steige. Jede Farbe, jede Form gibt mir neue Nahrung.

Über mir fliegt ein Vogel mit langem, rotem Schnabel

und blauen und weißen Gefieder.

Er kreist über meinem Kopf, schreit und ruft mit mir,

macht alles bekannt, weckt mich, wenn ich aufhöre,

ich rufe ihn, er kommt zurück, wieder und wieder. Wir

singen und schreien und machen zusammen.

Ho! Ich habe eine Stimme

Mir tut die Schwanzspitze weh.
Helfen kann ich mir durch Schweigen.

Ich gehe nach Durness, weil Sonja sagte, sie würde
nach Durness gehen. Vielleicht treffe ich sie.

Ich verlasse die Jugendherberge, wandere ein paar
Stunden auf der Landstraße, die ganz im Norden
Schottlands von der Ostküste zur Westküste führt.
Aber ich mache mich nicht zu müde und steige in
den Bus nach Thurso. Den vollen Fahrpreis muss
ich zahlen, als ob ich nichts getan hätte. Es sind nur
noch ein paar Meilen nach Thurso.

In Thurso mache ich Mittag auf einer Bank und

bekomme Besuch von einem kleinen Mädchen und

ihren Freunden. Als ich weitergehe, bleiben sie an

meiner Seite und das Mädchen greift voll und sanft

in die Saiten meiner Gitarre, die an mir herunter

hängt. Das Mädchen liebt mich und will ein Eis,

als ich sie nach dem Weg frage.

Ich muss ein Eis ausgeben für alle, sie zeigt mir den

Weg und ist bald nicht mehr da.

Ich trampe weiter. Die Busse fahren zu selten. Aber dem Busfahrer, der dann hält, muss ich ein deutsches Lied vorsingen, er will von Lilli Marleen hören. Er setzt mich vor einem Atommeiler in den Bergen ab. Als es zu regnen beginnt am Nachmittag, nimmt mich ein Junge mit. Er kennt jemanden, gut für Bed & Breakfast. Wir biegen ab von der Hauptstraße und fahren tief in die Berge, zur See. Wir halten vor einem Haus am Dorfrand und Jane kommt heraus. Sie ist freundlich, sagt viel AHA und hat braune, schwarze Augen. Sie fragt mich, ob ich im Stall schlafen, will, auf einem Bettgestell. Ich brauche dafür nichts zu zahlen und wir können Freunde sein, dann.

Ich muss lachen,
und lange fragt sie, warum.

Und am nächsten Tag schon
sitze ich in DURNESS
auf einem grasbewachsenen Kliff
und weiß gar nicht weiter.

Die Sonne scheint gut.
Das Meer liegt ruhig.

Ich blicke in Richtung Nordpol,
wo das Wasser tiefblau ist.
Ich fühle mich nicht viel.
Wenn sonst,
dann wäre ich
zufrieden.

Du musst auch leben können.
Sonst stirbst du schlecht.
Bist nicht vorbereitet.

Vor mir die offene See.
Ich sitze auf dem nackten Fels,
das Leben lebt sich selbst.

Jan felt a little bit,
only a little bit,
strange with me.
„May be", I said,
„cause I am a stranger."
Und natürlich hat sie auch recht.

Ich ziehe mich zurück
mit meiner kleinkernigen Furcht
auf dem blanken Felsen von Durness,
schlafe und esse und warte auf das,
was sich zeigt.

Hell O.

Ich habe Angst.

Die Sonne geht auf.

Ich träumte, für den Film
müsste ich vor einem Schützenpanzer hängen
am Rohr, und dieser fährt ziemlich schnell
durch unwegsames Gelände,
so dass ich in Gefahr gerate herunterzufallen
und erdrückt zu werden.
Das Aufnahmeteam lehnte einen Sicherheitsgurt ab.
Der Trick bestand darin, den Fahrer
seitlich am Fahrzeug vorbei zu beobachten,
eine zusätzliche Erschwernis.

Ich schlaf draußen, dicht über der See,
weit auf den Klippen.

Ich in der Jugendherberge. Bin hingegangen, mir Tee zu kochen, stelle die Gitarre an die Wand, zahle 6 Pence for cooking, setze Teewasser auf, stelle die Trinkflasche auf den Tisch, treffe einen jungen Freund, spreche mit ihm über das Essen, erkenne eine Liebe aus John O´Groats an diesem Tisch wieder und beginne ihr zu sagen, was und wie ich das an ihr finde.

Sie ist Arbeiterin und sehr vorsichtig.
Das fehlt mir. Sie bietet mir eine Zigarette an.
Ich neine und bitte um einen Keks.

Ein Mann kommt, stellt ALPEN-Müsli auf den Tisch.
Das fehlt mir auch.
Sie errät und bietet mir eine Schachtel an.
Ich nehme. Es kommt ihr Macker.
Belgier wie sie Belgierin.
Wir beraten, wie zu essen ALPEN nötig ist.
Sie sagen ALPEN mit Milch!
Es ist keine Milch für mich im Haus

.Ich gehe zum Grocer, eine halbe Meile weit.
Da stehen sie Schlange, lange.

Ich ärgere mich über die Hausfrau, die schnell zwei lange Schritte macht, um noch vor mir in der Schlange zu stehen. Mit dem Gesicht, als wüsste sie nicht. Ihr Bub ist dick. Ich ärgere mich über den Mann, der nach mir kommt, mit schmalen Lippen, die Pfeife spitz im Mund getragen, wie er mit wenigen Schritten einfach in den Laden hineinschleicht, wo wir alle draußen stehen, nach einer Minute herauskommt und hat, was er will. Das habe ich auch alles gern gemacht.

Ich komme erst viel später dran. Die Bedienung, die Frau,
ist immer freundlich. Danke.

Ich gehe zurück. Auf dem Hof der Herberge spielt jetzt
einer auf meiner Gitarre, auf den letzten empfindlichen
Saiten. Er fragt mich so gut, dass er weiterspielen kann.
Ich gehe hinein, meine Freundin sitzt dort allein und
verschlossen, liest. Ein anderer alter Freund taucht auf,
setzt sich.

Ich esse ALPEN.
Mit Milch.
Dann stehe ich auf, koch Tee,
verabschiede mich,
hole die Gitarre wieder in meinen Besitz
und gehe zurück
in die Klippen.

Ich träumt, ich wär im Raumschiff
und wir, die ganze große Mannschaft
sind glücklich, wie man so ist.
im Raum angekommen.
Ich habe noch meinen Affen auf dem Rücken,
ganz normal
und bringe als Erstes ein wenig unvorschriftsmäßig früh
die Duschen an,
sodass ich mich melden kann vorne in der Führerkabine
zum Funkspruch auf die Erde: „Jürgen ist da."
Als ich fertig bin und nach vorne eile
ruft mich ein mir und meiner Familie bekannter Offizier
laut an: „Jürgen!" Ich steh sofort stramm,
die Hand an der Mütze.
Er macht mich darauf aufmerksam,
dass mir der Schnotter lang aus der Nase läuft:
Ich entschuldige das mit dem gestrigen Tag
und halte erst mal inne.

Nach einem Gang
rund um die Klippen von Durness
gehe ich oben zurück an der Küste entlang
und rieche die Wiese.
Die Sonne ist wieder da,
und kleine gelbe Blumen
leuchten mitten im tiefen Grün.
Die Heimat ist nicht weit,
ihr Geruch ganz nah.
Ich entspanne mich
und kann wieder sehen.

Unter großer Spannung leidend
habe ich die Plastikfolie, die mich während des Regens
schützen soll, repariert.
Teile von mir standen heute morgen unter Wasser.

Der Wind ist stärker geworden.
Schaumkronen auf der See.
Die Kittyhawks spielen weit draußen.
Gestern kamen sie so, so nah,
dass ich das leise Rauschen ihrer Flügel hören konnte,
obwohl sie bewegungslos über mich hinweg flogen.
Sie erschrecken, wenn sie mich so plötzlich sehen
und steigen steil hoch
in die Luft,
die ihre ist.

Say goodbye, say goodbye,

Say good by to another kind of lie.
Soll ich gehen?

Heute Nacht war ich mit Thomas Karrenbach zusammen.
Es war sehr gut. Wir haben uns verstanden.
Bei allem Zusammensein habe ich nie gewagt zu sagen:
„Aber Thomas, du bist doch tot!"

Durness.
Diuranais,
zum Beweis, dass ich da war.

Ich will.
(in der Nähe streift ein Jäger umher
und legt sein Gewehr auf Hasen an.
Schnell und entschlossen.)

Jetzt ist es still.
Ein Schwarm kleiner Vögel
fliegt niedrig und schnell vorbei.
Die Luft rauscht mächtig.

Hier bin auf dem Lande, nicht auf der See

Ich habe meinen Lagerplatz
auf den Klippen aufgeben müssen.
Ein Müllberg, weit hinter meinem Rücken,
hat angefangen zu brennen.
Und es weht genau in meine Richtung.

Ich mache mir ein Lager
an einer alten Steinmauer,
mitten auf der Wiese.
Und dann bekomme ich Kopfschmerzen.
Dicht vor einer richtigen Erkältung.

Und noch am Abend
gehe ich in die Jugendherberge,
verwettert.
Dort ist es warm,
dort singen viele Mädchen weiche Stimmen
„On the Ohio" und deutsch.

Schön war es.

Ich kuschel mich in mein Bett
und wühle lange, bis ich einschlafe.

Morgens steh ich früh auf,

wasche mich,
nehm den Bus nach Süden, nach Süden.

Ich will nicht mehr im Regen.
Ich will nicht mehr in der Kälte
stehen, sitzen, liegen, spielen.

ALSO: LOS
Von Glasgow nach London,
zu sechst in einem Abteil:

Luc,
Patrick,
Allen,
Frank,
John,
und Hans
freut sich, dass er alle Namen behalten hat.
Hans.

Es gibt Musik aus dem Recorder, Bier und Stullen.
Wir spielen Karten, 17 und 4.
Am Schluss bleiben Patrick und ich übrig.
Wir spielen lange. Mir zu lange.
Ich setze alles auf eine Karte
und verliere.

Schlafen tu ich im Postabteil.

Tea-Breakfast in London selbst.
Duschen und Waschen.
Los nach Westen.
Strand.
Warm.

Ich schütte oft daneben.
Mir fällt die Brille runter.
Bier spritzt mir auf die Hose.
Disziplin-Bitte.

Panik in London
oder wie ein Mittelklassler

vor seiner Frau die Manschetten
aus der Jacke lüftet
in Schwung sich artig zufrieden
angenehm softly, aah, hinsetzt
die Brotkrümel sorgfältig vom Tisch wischt,
die Augenbrauen hebt
und beginnt das Schmutzblatt
Daily Mirror zu lesen.

Und doch Liebe in der Stadt.
Die Engländerin neben mir
lächelt ihre schwarze Nachbarin jetzt an,
als ihr Sohn aus der Zeitung vorliest:
Tina Onassis
hat einen der reichsten Bürger Griechenlands geheiratet.
Die.
Die Hetze.
Das Feuer.
Zu Hause.
Im Bett.

Ich kann mir nichts ersparen.
Ich kann wollen, wie lange es dauert,
mein Leben.

PADDINGTON

Bahnhof, U-Bahnhof
20 p
eine schnelle Rolltreppe
Kreuzung
Irrweg
eine lange eiserne Wendeltreppe schmal
der Zug fährt ab
30 Sekunden warten
„Personally I´ve not
had such a good time
with my clothes on
for ages."

Ich fahr nach Exeter.
Es ist so warm in Exeter.

Ich komme aus Schottland.
Dem Lande der Scotts.
Und steige aus dem Zug in Exeter.
Exeter ist eine der südlichsten Städte Englands
überhaupt.
Es ist völlig warm in Exeter. Ich fühle mich wohl.
Ich fahre mit dem Bus nach Exeter hinein.
Steige ganz langsam aus, in der Innenstadt.
Steh rum und werde angegafft
in dieser kleinen Stadt.
Die Geschäfte faszinieren mich.
Was es alles zu kaufen gibt
für einen der nichts kaufen soll. Will.

Langsam, ganz langsam steigt mir die Wut zu Kopf. Ich
kaufe mir Kaffee und ein paar Kekse in einer Imbissbude
und finde die Vorstellung, durstig und hungrig in einer
warmen Stadt und Kuchen zu essen schöner als den
Geschmack von Kaffee und Kuchen nach dem Essen von

Kaffee und Kuchen.

So suche ich mir einen Platz zum Ruhen.
Und lese auf einer Karte von der Kathedrale,
gehe los zur Kathedrale.
„It´s a good way."
Und finde sie groß, hell, romanisch.
Auf dem Rasen warten Menschen
und es ist eine ganz ruhige Atmosphäre
um die Kathedrale,
so wie man vernünftig wird
in der Gegenwart eines Vernünftigen.
Ich setze mich auf den Rasen,
lehne mich gegen meinen Rucksack,
dass ich die Menschen und die Kathedrale gut
sehen kann

Ruhe.

Da stellt sich das schwarze Mädchen, das ich sah, vor mich hin, sodass ich nur noch sie sehen kann und fragt mich, ob sie meine Gitarre spielen dürfe. Ja, bei mir, antworte ich. Sie setzt sich in ihrem langen weiten Rock, beginnt die Gitarre zu stimmen, ungeduldig und scharf. "Diese Gitarre ist schwer zu stimmen, manchmal kämpfe ich den ganzen Tag", erzähl ich ihr und sie macht ein paar ruhige schöne Griffe, die ich kenne, aber nicht so. „Von dir kann ich was lernen", sage ich ihr. Schnell fragt sie „Was?" - „Gitarre spielen", antworte ich. „Kannst Du spielen", fragt sie mich. "Manchmal", sag ich, und sie zweifelt. Ein Mann schiebt sich zu uns, blond, Mitte zwanzig, älter als ich. Er spricht sie an. Sie hat aufgegeben zu stimmen, will einen Keks von mir. Ich bin froh, ihr etwas Gutes tun zu können. Ich krame aus dem Rucksack einen Satz Saiten, harte, und hoffe, dass die sich besser stimmen lassen. Sie freut sich und beginnt sofort umzusaiten. Inzwischen lerne ich Englisch bei ihr. Ich bin ein deutscher Schweinehund, Sohn der Gestapo, die ihre Großmutter umbrachte. Und der Blonde ist ein großes, dummes Arschloch, weil der die Saitentasche, die ihm der Wind zuweht, nicht zurückgibt, sie bei sich behält. Sie will die Tasche zurückhaben, greift danach, er spielt mit ihr. Sie soll erst dreimal Bitte sagen. Das macht sie tatsächlich und springt auf allen Vieren zu ihm herüber und reißt ihm die Saitentasche aus den Fingern. Dabei flucht sie ganz fürchterlich. Der Blonde spielt weiter mit ihr, dann steht er auf, wirft dem Mädchen noch eine Saitentasche vor die Füße und geht. Sie schreit enttäuscht hinter ihm her. Ich berühre sie. In ihren Haaren hat sich ein Tier verfangen. Ich zupfe es heraus. Ich schlage ihr aufs Knie, zu zeigen, wer ich bin. Sie heißt Sarah Wonder, Tunidad. Die Gitarre hat sie liegen lassen. Die Lust hat sie verloren.

Ich mache mich an der Arbeit, saite weiter um, eine Saite hat sie selbst geschafft. Die hohe E. Ein junger Typ liegt neben uns, reicht mir eine Saite nach der anderen, will helfen. Ich fragte ihn nach einem Schlafplatz. Es wird kühl auf dem Rasen. Sarah interessiert das nicht. Sie geht rum holt sich eine Zigarette von irgendwo her und setzt sich wieder zu uns. Ich stimme die Gitarre nach der Mundharmonika. Es dauert ihr zu lang. Und sie geht fort. Ganz plötzlich, diese Jungfrau. Ich spiel Gitarre, laut über den ganzen Platz.

Auf einem Berg
über Exeter suche ich einen Schlafplatz
und finde einen alten Wohnwagen, offen.
Vor mir ein Fußballfeld
unten die Stadt.

Rundherum Wiesen, Bäume und Knicks.
Ich sitze auf einem Baumstamm und spiele Gitarre.
In einem harten, ruhigen Rhythmus.
So geht die Sonne unter,
hinter den Bäumen und dem Berg.

Der Mond kommt voll,
klar blau die Nacht.

Ich will durchmachen
und schlafe ein.

Der Junge hat gesagt,
Bude ist gut.
In Bude gibt es nicht so viele Touristen,
und dort ist Strand.
Bude liegt nördlich.

Ich trampe
und gerate in eine Touristenwoge,
dass ich die Hauptstraße wieder verlasse,
einfach woanders hin.
Abends erreiche ich eine Stadt,
ganz nahe am Atlantik.
Der alte Mann, der mich fährt,
freut sich, mich zu sehen.
Er hat in Deutschland einen Krieg gewonnen
und die Leute, die den Krieg verloren haben,
haben ihn freundlich empfangen.
Er macht einen weiten Umweg
und fährt mich direkt vor die Jugendherberge.
Sie liegt einsam,
ein Schloss nahezu,
auf einem Berg.
Ich lege ab und gehe bald wieder hinaus,
so schön ist es draußen.
Ich sehe und rieche
die Luft, das Gras und grün und Hoffnung,
süßer Nektar die Natur.
Als ich über einen Zaun steige,
sehe ich nur noch Korn und Himmel
und dann
die breite Mündung zweier Flüsse in die offene See.
Ich wälze mich im Gras,
von allen Seiten gefühlt
und warte hinter einem Knick
windgeschützt
auf den Sonnenuntergang,
braunrot heute.
Instow.
Morgens sitze ich in Bideford Dorf bei einem Kaffee.

Hier legte ab
Sir Walther Raleigh
zu seiner Amerika-Fahrt.
Das schwarze Haus an dem Kai,
von dem er es tat, steht noch, ist in Gebrauch.

Der Grund für die Großmacht Englands
war die Art der Leute wie Walther.

Um das zu sehen, ich raus nach Westward Ho!,
einer dieser Orte, die mit Ausrufezeichen geschrieben
und gesprochen werden.
Walter R. hat sich gefasst.

Und dort ist Strand nur bei Ebbe.
Sonst ist Flut.

Tatsächlich gibt es Engländer,
die machen sich ein Nest
aus faustgroßen Steinen
und legen sich hinein.

Ich gehe weit, ganz an die Spitze der Halbinsel,
dort, wo die beiden Flüsse das Meer berühren,
ist Strand, Platz für mich.

Eine Biene besucht mich.

Help to work.
For a pitty.
Langstrumpf sonderbar.
Ohne Komma rückwärts.
Mich kennt keena.
Mich kennt Nur.

(Es sieht nach Regen aus.)

Mein größter Fehler
Die Ungeduld
Macht mich wund
Nicht sehen zu wollen
die Richtung der Gedanken
Auf das Ziel.

Wie viel Tote soll es geben?

Oder: Auf allen meinen Wegen
bist Du mein Gott bei mir.
Und sollt ich überleben,
komm ich auch mal zu Dir.

In der ersten Nacht schlafe ich am Strand.
Dicht und tief.

In Inverness spricht mich eine alte Dame an:
Lächelt und hält mir eine Broschüre unter die Augen.

„For what?", frage ich (kurz zuvor habe ich gesehen eine
Sektenkundgebung aus dem MG Midget heraus).
Sie stutzt und freut sich, mir sagen zu können:

„It´s free."
Ich nehme:
„What Christ offers."

Ich fühle mich angekommen in Westward Ho!
und verpflichtet, unter diesem großen Namen
etwas zu leisten, was meiner würdig ist.
Das war schon immer ein Fehler von mir.

Am Feuer
Würstchen gebraten
Heiße Milch mit Instant Coffee
Ausspannen
Es wird langsam
Dunkel

Bis Mittag scheint die Sonne
Und dann als ich anfange, selbst gebraten zu werden
bezieht sich der Himmel sehr rücksichtsvoll.
Ich kann arbeiten.
Arbeiten heißt: bei mir bleiben,
unter welchen Bedingungen auch immer.

Die Möwen
die rufen
wie Jungs
und alte Frauen

Langsam gründlich werden.
Mann, Mann, Mann.

Jetzt ist mir die Milch übergekocht
Gestern habe ich beim Holzsammeln meine Brille verloren.
Jetzt.
Hetzt.
Wtzt.

Ich habe mir Feuer gemacht und träume:
Mein Vetter Detlef ist von meinem Großvater Hans Spiegel –
beide sehe ich in einem Volkswagen sitzen – ausgesucht
worden, König zu werden. Nun, ich wusste aber, dass Detlef die
schwedische Kronprinzessin heiraten würde, schwedischer
König wird. Das wollte sie, die ganze Familie, dem Großvater
gleich erzählen, damit kein Unglück geschieht.

Und traume:
Meine Schwester Christiane erinnert mich daran, dass ich sehr
wenig Liebe meinem Vater gegenüber aufbringe."Ja, denkst du
denn nicht, dass mir selber aufgefallen ist, dass da, wo ein
Gefühl für ihn da sein sollte, alles tot ist?" frage ich sie. Sie stößt
mir mit ihren Knien in meine Eier, zart, dass es weh tut. Mutti ist
gleich da und fragt, was es soll, der Stoß und die Frage. Sie,
Christiane, verlässt fluchtartig den Raum, bevor ich sie
verprügel, denkt sie.

Da, wo jetzt Ruhe ist,
kommen die Gedanken
an die Oberfläche.

Es ist kein Anlass
zum Denken,
weil da ist
die See,
der Sand,
die Steine,
der Himmel,
die Möwen
und ich.

Und denke,
ich habe Angst
blind zu sein
für die Gelegenheiten
des Lebens.

Oder: Schock,
schwere Not,
der Himmel vergibt Dir,
doch dann bist Du tot.

Unter der Bürde der Annahme, etwas Besonderes
leisten zu müssen, mache ich die Nacht durch.

Ich sitze am Feuer und kümmere mich um es. Ich will
es klein und lebendig halten, weil ich nur wenig Holz
habe.

Die Nacht vergeht
und ich sehe keinen Anlass zur großen Tat
in der Dunkelheit.

Ich halte das Feuer an
zu sein.

Und die Sonne geht auf, ohne dass ich etwas dafür
tun konnte.

Dann kamen die Tage,
an denen der Himmel sich nicht bezog,
und ich beinahe verbrannte.

Langsam konzentriere ich mich
in dieser Hitze auf das Nichts.
Und doch muss ich kaufen, um zu essen.
Auch bin ich neugierig, wie ich geworden bin.
Ich gehe ins Dorf Westward Ho!,
den ganzen kilometerlangen Strand entlang.
Die ersten Menschen kommen mir entgegen,
Meine Schritte schleifen im Sand,
wie ein Charleston-Becken.
Weit weg rollt die See.
So heiß ist es jeden Tag.
Ich kaufe in den Westward-Stores, was ich brauche,
diszipliniere mich unaufhörlich,
nicht abgelenkt werden,
aus der Tiefe hervortauchen zu müssen,
zur unüberlegten, unerfahrenen Tat.
Und doch erwischt es mich,
als ich das Mädchen sehe in dem Laden,
sie ist so jung wie ich heute,
unschuldig denke ich,
und will sie:
das heißt berühren, tun und lassen ohne Verstand.
Ich werde von Sinnen.
Ich bin verliebt.
Weil sie arbeitet, kann ich sie nicht ansprechen.
Schon beinahe aus Trost lasse ich mir den Luxus zu, Eis zu
kaufen.

Ich stelle mich an, muss warten,
und da erscheint die nächste Versuchung,
sie ist schön wie ein Junge, rothaarig,
und durch ihren zweiteiligen Strandanzug
schimmern die schönsten Brüste der Welt.
Ich will, ich will, ich will.
Da ist die Mauer zwischen uns,
ich kann nicht näher kommen,
ich verzweifel,
bin unglücklich, schiele.
Besoffen kehre ich zurück
zu meinem Schlafsack,
bin alle,
nur nicht sie.

Am 6. August endet mein Urlaub. Hilfe.

Es wird heißer und heißer.
Die Luft lädt sich auf.
Ich finde die Landschaft nicht mehr.
Ich singe ein Lied.
Say good bye.
Und bin schon so fertig,
dass ich mir einen Sonnenschutz aus dem Poncho baue,
im Liegen Gitarre spiele, faul werde
und das alles auch noch richtig finde.

Da sehe ich unter dem Rand des Ponchos
vier Füße gezielt auf mich lossteuern.
Es beginnt etwa in Englisch:
Ein Bulldoggengesicht, ein Mensch mit Strichmund und
Pförtnermütze,
Das Amt fragt: Was machst Du hier?
Ich spiele Gitarre.
Es ist verboten hier zu lagern.
Wer sagt das?
Das Gesetz.
Wessen Gesetz?
Da kommt der andere hervor, jung und schneidig:
Wir beobachten Sie schon seit Sonntag.
Und was haben Sie damit zu tun? frage ich ihn.
Ich repräsentiere die Gesellschaft „Der Londoner".
Uns gehört das ganze Land hier.
Die armen Engländer, sage ich.
Wir sind keine Engländer, lächelt er, wir sind Schotten.
Heute Abend müssen Sie Ihren Lagerplatz verlassen haben. Ja
oder Nein?
Ich habe verstanden, was Sie gesagt haben, antworte ich
verbissen, Sie werden sehen, was ich tue.
Die gehen, die beiden.

Ein schweres Zeichen zum Aufbruch.
War sowieso schon zu lange hier.
Ich packe und gehe
ganz nahe an die zurückgezogene See.
Da schreit von hinten ein Polizist.
Ich soll zu ihm kommen.
Ich bleibe stehen, er muss kommen.
Die Besitzer haben ihn alarmiert.
Er ist auf ihrer Seite.
Ich muss alle meine Sachen zeigen, alle.
Ich packe aus.
Bei dieser Tätigkeit kann ich sehen,
was ich getan habe.
Freiwillig hätte ich es früher getan.
Er sucht Rauschgift,
obwohl er selber nichts benutzt,
wie er mir auf meine Fragen versichert.
Ich sage ihm immer wieder auf den Kopf zu,
er sei süchtig, so sucht er.
Gefunden habe ich schottische Bonbons,
selbst schon vergessen und Waschpulver, kein Heroin.
Er fragt mich aus,
ich sage ihm die Wahrheit.
Wir einigen uns am Schluss
ganz ausdrücklich
dass der „Daily Mirror" eine Droge
und nicht mitzumachen ist.

Zum Schluss geht er,
ich stehe allein auf dem Watt,
alle Sachen verstreut,
schäle eine Apfelsine
und vergrabe die Schale im Sand.

Der Anfang
Bewegung ist gut für mich.
Schritte stärken mein Selbstbewusstsein.
Rhythmus meine Tiefe.

Ich gehe an der Küste entlang.
ein Wanderweg führt nach Westen: Westward Ho!
Ich bin.

Ich steige über Zäune,
rieche Gras
bergauf,
bergab,
immer dicht am steilen Ufer,
tief unten die See.

Der Wanderweg endet hier.
Ich bin jetzt selbstverantwortlich.
Ich muss kämpfen,
und irgendwann wird es so steil,
dass ich nicht mehr durchkomme.
Der Fluss hat sich ein Bett durch den Felsen hinunter in die See
gegraben.

Ich versuche den Abstieg.
Ich komme nicht weit, zu steil, suche woanders.
Dornen und dichte Hecken hindern mich.
Als Blut fließt, lasse ich nach, geh flussaufwärts.
Ein Blick auf die Karte, ich muss.
Hier wird es milder, das Land.
Die Sonne wird getrübt vom Dunst,
auf den Feldern suche ich einen Platz zum Ruhen.
Eine Schafherde folgt mir, alle,
und wenn ich stehen bleibe, bleiben sie auch stehen.
Hoffentlich ist kein Bock dabei, die werden eifersüchtig, weiß
ich.

Nochmal über einen Zaun,
dreimal habe ich mich heute überwunden,
und an der Spitze einer tiefen Wiese,
den Blick auf die untergehende Sonne,
ganz weit noch das Meer,
schlaf ich ein.

Aufwachen tue ich,

als die Schafe, die um mich herumstehen,
zu laut werden. Sie konnten mir folgen
Ich steh auf und gehe weiter. Essen will ich später.
Vielleicht habe ich noch einen Kaffee getrunken,
aber erstmal die Nacht zu Ende machen.
Es geht über Felder, und wenn die Kuhweiden kommen,
suche ich immer erst nach Bullen, die sind ja so.
Ich werde nach Bude gehen, wie mir der Junge gesagt hat.
Und so habe ich ein Ziel.

Als mir der Duft einer frisch gemähten Wiese
in die Nase steigt, mache ich Halt und frühstücke.
Ich kreuze die Hauptstraße, gehe zurück auf die Feldwege.

Es ist es still hier, die Bienen summen.
Ich gehe quer, steige über Zäune,
finde unter schattigen Bäumen einen Fluss,
wo auch die Kühe trinken und wasche mich nackt.
Und wieder hoch in die Hügel,
mit Aussicht über das ganze Land, Dorf, Tal.
In zwei Tagen kann ich es bis Bude schaffen.
Ganz normal.
Und nun besser auf den Wegen.
Hier weht kein Wind.
Hier gehe ich durch ein Dorf.
Kaum jemand ist zu sehen.
Heiß.
Wegweiser dort, wo ich hin will.
Meine Schritte werden härter, steiler.
Ich will schaffen.
Und nun bin ich drauf.
Warum aufhören.
Bis zum Mittag bin ich fertig.
Ein Lastwagenfahrer gibt mir Zeichen:
Pause, ich soll trinken.

Die Sonne bricht mich auf
Ich schwitze in Strömen,
über eine Hecke kletter ich, sitze unter einem Baum
und atme
auf.

Die Kühe auf der Weide
kommen zu mir und stellen sich um mich herum,
beäugen und beriechen mich ganz nah.
Nur melken darf ich sie nicht, obwohl ihre Euter voll sind.
Bald sind es zwanzig, dreißig,
alle wollen was sehen.
Ich mach weiter,
will es heute noch bis Bradworthy schaffen.

Da Bradworthy, noch 5 Meilen und eine Meile später,
da; Bradworthy 5 Meilen.
Auf diese Nachricht muss ich erstmal frisches Wasser holen.
Bradworthy erreiche ich viel zu früh am Tag,
setz mich in ein Dorfkaffee,
die Wirtin ist Berlinerin,
ich brauche nicht zu bezahlen.
Wir sprechen viel über das Wetter.
Ich bleibe im Englischen, ihr Mann ist dabei,
der versteht sonst nichts.

Er schickt mich weiter an einen Fluss,
zum Liegen und zum Schlafen, der ist noch weit,

ich bin völlig wund an den Füßen,
der Fluss ist mit Anglern verseucht,
ich komme nicht weiter, verirre mich
und halte erst als, ich wieder Wasser sehe.
Ein Bach an den Wiesen,
wir sind allein,
ich kann nicht mehr
und sinke noch vor der Sonne
in den Schlaf.

Dort stehe ich wieder auf,
wasche mich, raste lange,
es tut so weh und muss dann doch los
Die Hitze ist schon groß,
ich bin schwach,
aber stark

Die Straßen werden breiter,
ich kann wieder sehen, wo ich bin.
Und neben mir entdeckte ich
einen Milchladen.
Es gibt Obst, Äpfel zu kaufen.
Ich kaufe.
Als ich die Milch entdecke,

bin ich gerettet.
Ich kaufe zwei Pinch voll.
Der Milchmann versteht mein Ich.
Schon als ich in den Laden komme,
fragt er in einer fremden; unverständlichen Sprache
nach meinem Namen. Ich antworte nicht.
Wir sprechen miteinander:
Die Milch ist billig in England
Das eine Pfund ist großes Geld.
Und die Milch ist ein so gutes Getränk.
Als ich aus dem Laden trete,
fühle ich mich tief berührt,
muss weinen, dass ich werde
wie ein Milchmann.
Dann kommen die Gerüche
aus dem Feld, aus der Hecke,
trösten mich,
Farben, die verehren mich,
und das ganze Land ist bei mir
in meinem nassen Gesicht.

Ich muss weinen,
kann alles laufen lassen
niemand, der mir sagt; warum.
Ich gehe weiter,
trinke noch nicht,
erst dort hinten, wo die hohen Bäume stehen,
dort ist Schatten,
wieder kommen die Tränen,
wenn ich daran denke, wie es war.
Die Gräser an der Seite streicheln die Gitarre
Ich lass sie klingen, Töne
ganz einfach.

Dann kletter ich hoch oben auf einen Knick,
im Schatten des Baumes liege ich,
schau über das Land und trinke
Milch.

Und nochmal wird es anstrengend.
Die Farben sehe ich so tief,
dass ich Angst habe, sie zu verlieren.
Stratton erreich ich am späten Nachmittag.

Und abends erreiche ich Bude.

Wie betäubt sitz ich am Strand
erstmal
und kann nichts tun.
Ich bin durch die Stadt gegangen,
der Lärm
ist unerträglich.
Und als ich nicht weiß,
was soll ich tun,
höre ich die deutsche Stimme:
„Und den letzten Schritt mit Schwung!",
sodass ich mich aufraffen kann,
um etwas zum Schlafen zu finden.

Lange gehe ich am Strand entlang.
Hohe Felsen mit tiefen steinigen Buchten
machten Bude zu Bude.
Ich gehe, bis ich keinen mehr sehe
und ziehe mich in eine Bucht zurück.
Alles tut weh,
jeder Schritt, jede Bewegung, meine Füße!

Das Wasser kommt.
Plötzlich bin ich abgeschnitten
die Felsen beinahe senkrecht über mir,
vor mir die See.
Ich muss wissen, wie hoch die Flut kommt.
Ich untersuche den Boden, sie kam schon höher.
Es wird dunkel, ich mache Feuer.
Als die Steine in der Hitze platzen und springen
muss ich es löschen.
Ich darf nicht einschlafen.
Die Flut steigt.
Ich kenne meinen Fluchtweg in die Höhe
muss ihn aber nicht nutzen.

Um Mitternacht darf ich einschlafen.

Verstehst du
ich verstehe

Da wach ich auf in Bude,
morgens zwischen den Steinen
unter dem Himmel,
die Bucht im Schatten hoher Felsen.
Das Wasser steht noch hoch jetzt.
dass ich die Bucht nur verlassen kann,
um zu klettern.

Ich kletter durch die gefallenen Steine.
Sie sind so groß, dass sie Tonnen wiegen,
keiner ist gleich, wir alle sind anders.
Und so komm ich an gefährliche Stellen,
springe und sehe die ersten Menschen an diesem Morgen.
Angler.

In der Stadt.

Wie wenig ich sehen darf,
um mich zu kennen.
Ein alter Mann sammelt für die Krebsforschung
Er zeigt mir den Weg zur Bank.
Ich gebe ihm gegen zwei Pence für die Forschung,
er klebt mir eine blaue Marke auf die grüne Jacke
Ich bin in Bude.

Mir wird ganz anders.
Ich bin Sein.
Ich.
Sofern die Wahrheit lügt.
Es gibt keine.
So schaff ich mir Reue.
Halts Maul
A men.

Kopfschuß

Heut seh ich die Schönheit selbst.
Ein junges Mädchen,
ich bin sofort weg.
Sehe und will
nichts anderes mehr.
Ihr Körper ist ohne Makel.
Ich werde blind.
Ich bleibe stehen.
Sie folgt mir.
Geht an mir vorbei.
Spielen möchte ich
nicht mit ihr.
Für meinen Kopf besitzen.
So sein,
sie sein,
eins mit ihr,
alles andere ist verloren.
Die Alte, alte Angst.
Der Spiegel im Kopf.
Ich lechze.
Ich laufe.
Es ist alles so einfach,
nun bin nicht gelähmt.
Ich packe zusammen.
Ich male die Jugendsünde.
Ich stehe auf.
Jungens werfen böse
Steine auf die Felsen.
Ich will Niemanden sehen, nur sie.
It´s a lie.
Dead.
Dad.

Das ist der Abend vor meiner

Abfahrt nach Berlin.
Ich steige hoch auf die Steilküste,
werde dort schlafen.
Ich sitze auf einer Bank,
der letzte Sonnenuntergang
und warte auf die Dunkelheit.
Man darf hier nicht schlafen.

Und dann folge ich meinen Gedanken, wie sie kommen,
stehe auf und gehe willenlos, abwartend
in die Richtung der steilen Wand hinunter zum Meer.
Kein Gefühl für das, was richtig ist.
Nur so.
Wenn ich weitergehe, werde ich sterben.

Ich selbst muss eingreifen,
mich vor dem Absturz zu retten.
Die alte Lust hilft nicht mehr.
Und so nehm ich meinen Willen in die Hand
und halte inne.

Weitab von meinem verirrten Gefühl
kehr ich um und trage meinen Schlafsack
in das Land hinein.
Dort schlafe ich später ein.
Ruhig.

Ich wache auf lange, bevor die Sonne aufgeht.
Alle Farben herrschen Blau,
köstliche Röte scheint am Morgen.
Ich möchte mich noch einmal umdrehen, weiterschlafen.

Plötzlich muss ich aufstehen, um den Bus zu erreichen.
Langsam gehe ich hinunter in die Stadt, durstig und hungrig.

Ein Milchwagen, ein Auto, hält nicht weit von mir, wartet,
solange bis ich ankomme. Ich kann mir Milch kaufen.

Erst an der Busstation öffne ich die Flasche und trinke sie mit
zwei Zügen leer. Hier sitzen schon Menschen mit Koffern,
neuartig. Ich stimme die Gitarre und denke unhörbar:

I went up in the morning
when the sun comes out
looking for my baby
try to find her cloud

It´s still the morning time
still the morning time

Walking through my hometown
when the crap ist real
looking for my own fault
try to find a meal

It´s still the morning time
still the morning time

I went up in the morning
when the sun comes out
looking for one good man
I know ist´s not allowed

It´s still the morning time
still the morning time

Der Bus hält vor
meinen Füßen
Wir alle steigen ein,
warten nicht lange, fahren bald los.
Die Sonne geht auf,
einmal hinter dem Haus,
dann aus der Stadt hinaus,
wieder hinter einem Hügel,
um noch einmal sinkt sie hinter die Bäume
scheint durch,
geht auf,
endgültig fast.

Die Luft ist rein,
ganz ruhig ist es im Bus
und ich erkenne den Weg, den ich gelaufen bin.
Jetzt fahre ich die Meter wie Kilometer,
das ist etwas ganz anderes,
das hat damit überhaupt nichts tun.
Ich sitze im Bus.

Dann auf die große Straße,
Autoschlangen, es ist Sonnabend morgen.
Wir fahren nach Exeter.
Der Zug in Exeter fährt gleich los.
Nach London.
Die ganze Strecke zurück.
Ich werde traurig, wehmütig,
eingesperrt,
Zwang und Zeit,
was kann ich schaffen,
ich fürchte mich.

Am frühen Nachmittag erreiche ich London-Paddington
Und wieder haste ich beinahe durch die Stadt
ich will sie gar nicht sehen
und wer mein Gepäck klauen will,
kriegt eins auf die Nase.

In London kaufe ich die letzte Packung ALPEN bei Woolworth.
Unrasiert, tief getroffen und abgeschirmt
wie ein Weltmeister von Spannung und Erreichtem,
stehe ich mit dem mitten im Laden,
der so aussieht wie unser Laden
und packe ALPEN in meinem Rucksack.

Einem dicken Mann fällt Geld runter,
ich kann ihm nicht helfen.
Und die Waren berühren mich nicht,
aber es wird schwierig werden.

Die Underground wird ein Abenteuer
von Stockwerk zu Stockwerk
durch Wendeltreppen und Klinkerstein.
Ich kann es nicht fassen, es werben so viele,
meine Gunst ist teuer?

Eindruck.
Ein Druck.
Man kann verstehen,
wenn gleich die Welt explodiert.
Victoria Station.

Am Nachmittag lande ich in Dover. Unheimlich voll.

Einer spricht mit mir.
Er hat mich gesehen in Exeter.
Mit Sarah Wonder,
wie wir spielten und die Kirche überall Wache stand.
Wir bleiben lange zusammen.

Die Unmöglichkeit zu wollen
lässt mich hoffen
es zu tun.
So.

Selbst Gott kommt vor.
Allein
er ist.

Auf dem Schiff
nach Ostende
irre ich umher
und finde mich wieder
auf dem hinteren Deck
in der Sonne,
im scharfen Wind,
sitzend auf Holz
und mache mir was zu Essen
ALPEN.
Ganz ruhig,
weil ich weiß,
wie es geht.

Schon nachts bin ich auf dem Kontinent
suche die Jugendherberge,
kann mich waschen,

habe ein Bett,
ein Zimmer für mich allein.

6 Uhr.
Aufstehen.
Rumsitzen.
Alles ist still.
Waschen.

Ein Krampf schon?
Große Dusche.
Die ersten freundlichen Worte.
Packen.
Luft holen.
Frühstück.
Kaffee Instant mit viel Milch.
Marmelade.
Brot.

Neben mir sitzt ein süchtiger Mensch.
Er zittert stark, wankt auf seinem Stuhl,
kann die Pillen, die er fortwährend schluckt,
kaum in seiner Hand behalten.
Er ist gebrochen, zerstört, schwer.
Er berührt mich.

Ich werde krank.
Kurzes Frühstück.
Bob Dylan singt aus dem Lautsprecher.

Ich verlasse die Herberge,
gehe runter zum Strand von Ostende,
begrüße die Möwen, die Sonne und mich,
laufe ein paar Kilometer zum Bahnhof.
Als ich die letzten Schritte im Sand mache,
auf die Mole steige,
weiß ich,
nun geht diese Reise zu Ende.

Ich erreiche den Zug nach Berlin,
eine Minute vor der Abfahrt.

Deutschland, Schwarzbrot.

THANK YOU.

7.000 km nach Kabul getrampt.
Und ohne Geld wieder zurückgetrampt.

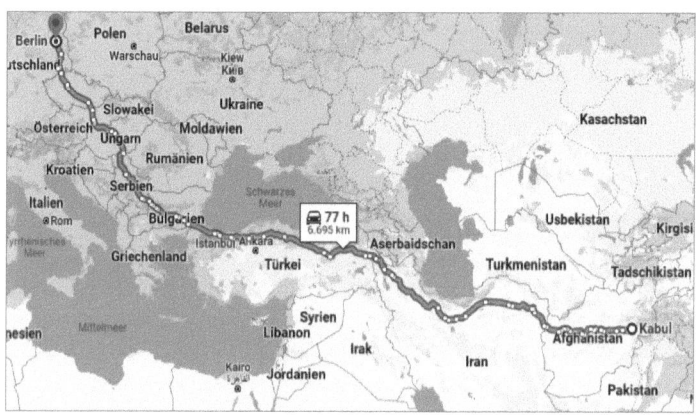

Fünfhundert Mark in der Tasche, viel Zeit und Neugier, so trampte ich los aus Berlin – und mitten in Afghanistan war alles Geld weg. 7000 km Trampfahrt ohne Geld zurück, das war aufregender als mit Geld. So bin ich einige Ängste losgeworden.

Mein Gepäck: Eine Bundeswehr-Seitentasche mit den allerallernötigsten Sachen, ein dünner Schlafsack, schwere Bundeswehr-Stiefel – los gehts.

Hab ich Probleme,

hab ich keine Probleme.

Gibt's das?

Wer noch nie einen Esel schreien und stöhnen gehört hat, kann sich nicht vorstellen, was diese Tiere arbeiten können. Es sind eben richtige Esel.

Einmal habe ich gesehen, wie ein Herr seinem Esel auf sein Geschrei hin Futter gab. Beide haben sich gut verstanden.

Die besten Eseltreiber reiten den Esel ohne Stock. Sie schnalzen mit der Zunge und dirigieren das arme Tier mit Liebe. Das trifft den Esel doppelt und den Reiter dazu. Ich

begreife, wie Mensch und Tier zusammen arbeiten. So kann
ich mir selbst helfen.

ÜBER-ICH:

RED DU ÜBER MICH,

RED ICH ÜBER DICH.

Furcht: hab ich und Du auch nur

davor.

Danach gibt es alles, was wir vorher

nicht hatten. Und kommt

wie von selbst.

Beim Schreiben

kann ich endlich mal ausreden.

Das tut gut.

Die Meister sind Meister

der Disziplin.

Sie haben sich entschieden und ausgehalten, wie es die Natur mit ihnen trieb.

(Sie verständigen sich in einer Sprache aus Symbolen (Blicke, Gesten, Worte). Jedes Symbol weist auf eine geleistete Arbeit hin. Gleiche Symbole bedeuten gleich geleistete Arbeit. Man versteht sich.)

In der Wüste von Afghanistan

träumte ich von einem dicken Buddha,

der von nichts anderem lebt als Luft.

Er sitzt auf dem Boden seiner Zelle

und macht sich keine Sorgen.

Wenn ich an mich selber glaube,

glaube ich an Gott.

Übrig bleibt

das Christentum,

als Beispiel.

Heute atme ich auch durch die Ohren.

Wenn ich spreche,

höre ich nicht,

was ich sage.

Keiner glaubt mir.

So atme ich.

Satt kann ich nicht über Hunger schreiben. Puh.

Das Chaos lichtet sich

und nichts ist mehr da:

meine große Angst.

Immer ran, immer ran, immer ran.

In München begann ich wieder Nietzsche zu lesen. Ein undankbarer Freund.

In einem Land, wo es nur wenig zu essen gibt, habe ich mir um das Essen wenig Gedanken machen müssen. Es kam, wenn es Zeit für mich wurde. In einem Land, wo es viel zu essen gibt, muss ich mir viel Gedanken darum machen. Was ich nicht will.

Mir geht es gut.

Lieber Gott, mach mich fromm,

dass ich in den Himmel komm.

Und wie hat Krupp das gemacht?

Heute mal wieder:

Nichts als Worte.

Und irgend etwas

ist doch dran.

Die Turmuhr läutet.

Angenehm wild.

Ein wirklicher Kummer ist Hunger.

Und schon ein gemeinsames Lachen hat den Hunger entblößt: Ein Ersatzbedürfnis für die große Liebe zwischen den ganzen Menschen.

Streuselkuchen kann man kaufen.

Besser Kunst als Anderswo. Gschami.

Nach Jugoslawien fuhr ich von Österreich mit einem jugoslawischen Ingenieur, der für IBM in Jugoslawien arbeitete. Er sah aus wie Archer Weaver und war drauf und dran, an seine Aufgaben zu glauben. Wir fuhren durch die schönsten Berge und Täler. An einer Quelle hat er nie gehalten.

In Österreich gehe ich auf der Straße – die Berge neben mir an der Straße ragen steil in die Höhe. Die Sonne scheint klar, Heidi ganz nah. Soll ich nach oben, eine Woche dort? Nein, ich will weiter als die Berge. So trampe ich mit dem glattesten Typen, I ever have seen. Seine Sonnenbrille war seinem Gesicht in einem Maße angepasst, dass ich die Augen schon gar nicht mehr vermisste. Wir fahren bis zum Wörthersee. Mitten zwischen den Menschen dieser urlaubenden Welt lasse ich mich auf dem Steg nieder, ziehe meine schweren Stiefel aus und lasse die Füße über dem Wasser baumeln. Hier lässt es sich gut faulen.

Die Yugos nehmen nur ungern Tramper mit. So stehe ich hinter Ljubeljana stundenlang an der Straße und freue mich, wenn einer auch nur abwinkt. Den Platz, auf dem ich stehe, habe ich von einem Engländer geerbt, der selbst nach einigen Stunden Wartezeit zum Bahnhof ging. Er wollte mit einem Zug nach Istanbul fahren – dorthin, wo ich hin will. Für 50 Mark. Zu teuer.

Ich bekomme Hunger. Und ich weiß, es ist ein Hunger, der nicht richtig ist. Mit Sicherheit wird genau dann das richtige Auto vorbeifahren, wenn ich esse. Ich esse.

Und es passiert: Ein französischer Peugeot fährt vorbei, hält beim nächsten Tramper. Sie haben mich nicht einmal gesehen.

Lange hält der Wagen, fünfzig Meter weiter. Diskussion mit einem Tramper. Ein anderer eilt hinzu, langes Palaver. Einer der beiden löst sich von der Gruppe, kommt zurück, setzt sich zu mir: „Die suchen jemanden mit Führerschein, der einen Peugeot nach Istanbul fahren kann." Ich laufe sehr schnell, erreiche den Peugeot noch. Drei iranische Gesichter schauen mich prüfend an. Keine Gefahr, mein Führerschein gilt.

Wir holen einen zweiten 504 aus Isenic. Sie drängen. Wir fahren sofort los. Nach Istanbul. Es wird dunkel, es beginnt zu regnen. Ich kenne den Wagen nicht. Alles geht sehr schnell. Der Fahrer vor mir sieht, dass ich den Anschluss nicht halte, fährt auf den Seitenstreifen, ich hinterher. Er bremst scharf, ich auch. Aber ich komme ins Rutschen und fahre ihm hinten rein.

Der Regen wird stärker.

Es ist freitagabends. Bis Montagabend müssen wir in Ljubeljana bleiben, um den Wagen wieder fahrbereit zu bekommen.

Am Sonntag sehe ich bei einer jugoslawischen Familie das Endspiel um die Fußballweltmeisterschaft. In Farbe. Die Deutschen gewinnen. Großer Ljubel? Na ja.

Die Iraner wollen mit ihren Autos im Iran schwer Kohle machen. Sie nehmen den Unfall very, very cool – kein böses Wort. Nur eine Frage: In Ljubeljana hatte ich Zeit, mein zerbrochenes Brillenglas einsetzen zu lassen. Als ich nun mit Brille fahre, fragt mein iranischer Beifahrer, warum ich jetzt mit Brille und... No comment.

Mir wird bedeutet, ich solle langsam fahren. Der vordere Wagen fährt mit hoher Geschwindigkeit voraus und wartet nach ein, zwei Stunden auf mich, um dann wieder schnell weiterzufahren, um dann wieder auf mich zu warten.

Jugoslawien, Bulgarien, türkische Grenze.

Wer es nicht kennt: Kommst Du in Edirne über die Grenze, beginnt dort der Orient. Mit Düften, Lichtern, Lauten. Du bist woanders. Du bist in einer anderen, alten Welt.

Sie sagen: Der Iran ist zu heiß für Dich.

Da will ich hin.

Als wir uns kurz hinter der iranischen Grenze verabschieden, schreibt Ghadez, mein Freund und Beifahrer, auf ein Stück Papier die Sätze, mit denen ich durch den Iran komme.

Die ACHT IRANISCHEN HAUPTSÄTZE:

2. چای فروشی کجاست؟

3. ▓▓▓▓ ▓▓▓ ▓▓▓▓▓ ▓▓▓▓ ▓▓ ▓▓.

4. ▓▓ ▓▓▓▓ ▓▓▓▓▓ ▓▓ ▓▓...

5. ▓▓▓▓▓ ▓▓ ▓▓▓▓ ▓▓▓ ▓▓.

6. ▓▓▓▓ ▓▓▓▓ ▓▓▓▓▓ ▓▓ ▓▓.

7. دفتر گردشگری کجاست؟

8. ایستگاه قطار کجاست؟

▓▓▓▓▓▓ ▓▓▓▓ ▓▓▓▓▓▓ ▓▓ ▓▓▓▓ ▓▓

1. I want a cheap hotel.

2. Where is a tea shop?

3. I want to buy some food.

4. I want to go to...

5. I want a chelove Kebab.

6. I want to buy a ticket.

7. Where is the tourist office?

8. Where is the train station?

Ich habe den Zettel nie gebraucht, Ghadez, my Friend.

Zuletzt sind wir drei kräftig gelaufen, damit ich den Bus nach Teheran noch bekomme. Vorher habe ich Gahdez in einer viertelstündigen Lektion das Autofahren beigebracht. Er wollte gern selbst nach Ghom fahren. Ich war ein Fremder.

Teheran ist ein heiße, hässliche Stadt. Der erste Mensch, mit dem ich dort sprach, war Tom, ein Engländer. He did make 50 Pounds. He bought Traveller Checks for 50 Pounds. Next day he sold them in a little village near by Teheran, went to the Teheran-Central-Bureau of the bank and cried: "My traveller checks and my Passeport are stolen. You have to give me new checks." And they have to. Now he has to wait for a new passeport. Not too long. Er kannte Leute, die haben auf einen Schlag 1000,- Dollar mit diesem Geschäft gemacht. Nach dieser Geschichte habe ich mir drei Tage lang keine Sorgen um Geld gemacht.

Zu viert fahren wir in einem alten Peugeot 403 Richtung Afghanistan. Ein Belgier, ein Schweizer, ein Franzose und ich. Deutsch.

Wir fahren Tag und Nacht.

Nachts ans Kaspische Meer.

Wir sehen nichts, hören nur die leise Brandung.

In einem Tea-House in Maschhad sitzen wir angedöst und sprechen über nichts. Ein paar Tische weiter unterhalten sich zwei Taubstumme. Sie verziehen die Gesichter, schneiden sich Grimassen und gestikulieren wild und ausdrücklich. Es geht um Tee, einen Spiegel und die Rüpeleien der Jungen.

Als das Leben um sie herum zu bunt wird, beginnen Sie plötzlich lauthals zu schimpfen: Sie können sprechen. Und wie. Aber Gesichter ziehen macht viel mehr Spaß, und gleich sind sie wieder drauf. Schaut man genau hin, lassen sie tief blicken. Ich traue mich kaum, möchte nicht stören. Ungeniert fotografiert der Belgier die Szene. Einer der beiden Stummen winkt mir zu. Ich soll kommen. Zögernd stehe ich auf, er kommt mir entgegen, in der Mitte des Raums treffen wir uns. Unauffällig gibt er mir ein kleines Stückchen in die Hand. Shit, denke ich.

Der Schweizer mit uns weiß es besser: Opium. „Be careful, davon wirst Du noch öfters bekommen in diesem Land." Wir haben das Piece dann alle zusammen geraucht, dicht vor der Grenze nach Afghanistan. Der Himmel hat nachts dort so viele Sterne, dass man kaum den Himmel sehen kann.

(Es war dort, wo der Zaun zwischen den beiden Ländern mehrere Meter hoch ist. Wenn der Wind durch die hohen Stahlstangen streicht, heult der Zaun über das ganze Land - lange, laut, weit.)

Ein Grenzzaun.

Den Kopf auf der Lehne, den Himmel über uns, rauchen wir. Der Schweizer erzählt eine Geschichte, wie er ohne Geld von Afghanistan nach Hause getrampt ist. „Das geht", sagt er, „hinterher habe ich noch 55 Kilo gewogen. Manchmal bekommt man ein paar Tage nichts zu essen, aber das ist nicht so schlimm." Das möchte ich auch erleben müssen.

Die Flagge von Afghanistan zeigt Schwarz, Rot, Grün. Die deutsche Schwarz, Rot, Gold. Afghanistan, ein grünes Land, hoffe ich. Und so hoffen auch die Afghanis. Ihnen fehlt nur ein wenig deutsches Geld, Grün daraus zu machen.

Und Du?

Better go than hope.

An der Grenze von Afghanistan besitze ich 6000 Afghanis, Afs genannt. Ein Af ist fünf Pfennig wert. Ein Brot kostet vier Afs.

Ich bin ein reicher Mann in Afghanistan.

Für die Fahrt von Teheran nach Kabul habe ich an den Belgier 15 Dollar gezahlt. 750 Afs. So viel kostet auch der Bus.

SUPER-PAYAM-HOTEL

Zweibettzimmer. 50 Afs die Nacht.

Mit Philipe, dem Franzosen.

Ihn kenne ich schon von der türkisch-iranischen Grenze.

Unterwegs nach Indien trifft man oft dieselben Menschen. Die Route ist klar, einer ist mal schneller, der andere mal weiter. In Kabul ist große Station.

Dauernd zähle ich mein Geld. Wenn ich jetzt zurückfahre, reicht es gerade noch für Bus, Bahn und Spesen. Das will ich nicht.

In Herat, dicht hinter der afghanischen Grenze, habe ich beim Geldwechseln meinen Pass auf der Bank of Afghan liegen gelassen. Denn mitten zwischen den Touristen entdecke ich eine hübsche Französin. Geld umtauschen und nach den Frauen schauen, das führt zum Schielen. Ich merke erst am späten Abend, während der einen Tag und eine Nacht dauernden Busfahrt nach Kabul, was los ist mit mir. Mein erster Gedanke: raus aus dem Auto, ohne Pass kommst Du nicht weit. Aber die Bequemlichkeit siegt. Ich fahre mit bis nach Kabul. Das wird Folgen haben.

Am nächsten Tag auf der Botschaft telefoniere ich mit der Bank in Herat. Der Pass wird nicht nachgeschickt. Ich muss zurück. 1000 Kilometer mit dem Bus. So habe ich wenigstens etwas zu tun.

Meine Kollegen liegen in den Hotelbetten und langweilen sich auf fürchterliche Weise. Das Klima haut sie um, aber warum gerade aufs Hotelbett?

Eine Coca Cola kostet 8 Afs.

STOP ruft ein Soldat, als ich gedankenverloren an ihm vorübergehe. Ich blicke hoch, grüße mit Kopfnicken und gehe weiter. Thank you.

Ein weißes Mädchen fächelt sich in der heißen Luft von Kabul mit einem Fladenbrot frische Luft zu. Jo.

Ich will nach Herat trampen, nicht mit dem Bus, meinen Pass holen. Nach langer Wanderung durch die Stadt früh am Morgen setze ich mich in glühender Luft an den Straßenrand und zeige den Autos meinen Daumen. Die Afghanis: Sie lachen mich aus, hoch auf ihren Lastwagen. Ich bin schwach. Ich weiß es, sie sehen es. Am späten Nachmittag nimmt mich ein alter Mann aus der Sonne heraus und führt mich in ein Teehaus, es ist weit vor der Stadt. Ich bekomme Tee wie noch nie. Ein Glas Wasser, einen Löffel, das Glas mit Tee, eine Schale mit Zucker. Ich bin halb von Sinnen vor Durst, doch erst esse ich ein wenig Brot. Der erste Schluck Tee rollt wie ein schweres Element über meine Zunge. Was war Durst? Ein zweiter Tee wird mir angeboten. Ich lehne ab. Mir ist gut. Ein Junge reicht grünes Pulver herum, man wirft es sich unter die Zunge. Haschisch? Ich werde gierig und bestelle einen zweiten Tee in der Hoffnung, das Pulver auch angeboten zu bekommen. Nichts, natürlich. Am Abend muss ich zurück nach Kabul.

Der zweite Versuch, nach Herat zu kommen. Jetzt fahre ich mit dem Bus. Ich steh mit der Sonne auf. Auf dem Weg zur Bus-Station gehe ich durch die Stadt. Es ist noch ganz still. Zwei Hunde kommen mir entgegen, spielen und begleiten mich. Ich werde stolz darauf. Daraufhin verliere ich den ersten Hund nach wenigen hundert Metern. Der andere hält zu mir. Ich beobachte ihn, passe auf, dass er mit mir über die Straße kommt, gehe nicht dort, wo es gefährlich für ihn ist.

Wir bleiben zusammen, der Hund und ich.

Ich fühle, dass ich zu spät zum Bus komme und beeile mich. Der Hund stellt sich mir in den Weg. Ich stolper über ihn, fass das als Warnung auf und gehe wieder langsamer. Aber dann ergreift es mich doch. Um fünf Meter Weg zu sparen, geh ich weiter auf der Straße, nicht auf dem sicheren Bürgersteig, schaue nicht nach links oder rechts, der Hund wird mir egal, will nur noch den Bus erreichen, und der Hund macht nicht mehr mit. Er verschwindet einfach.

Und der Bus war natürlich auch schon weg.

I WAS VERY PROUD

PROFESSIONAL

NOW I AM ILL

I CANT CANNOT

HOLD STILL

ISOLATION

GO SLOW

ANOTHER MEANWHILE

CANNOT TOUCH ME

SO I AM PROUD

I HAVE

A LITTLE ONE

21 JULI?

1 Dollar 56 Afs.

1 Mark 22 Afs.

Kabul-Herat-Kabul

mit dem Bus 400 Afs

Blind Magic.

20 Stunden im Bus. Das Schwierigste ist das Wachbleiben, weil es so müde macht. Ich wache auf, am frühen Morgen, die Nacht hinter mir. In Herat. Der Busfahrer hat mich einfach liegen lassen, da auf der Bank.

In Bewegung easy.

Heavy versack ich in jedwede Stimmung, das Ende zu erreichen.

Ein Tramper-Traum hat sich erfüllt:

Kabul

Passeport: away

Money: away

No work

A friend

Ich weiß nicht, wer mein Geld jetzt hat. In Herat sagten sie mir: Ihren Pass haben wir nach Kabul geschickt. Mit der Post. Ach so. Sie müssen jetzt nach Kabul, zur Bank of Afghanistan. Ja.

So lieg ich auf dem flachen Dach eines Wohnhauses in Herat, dicht am schützenden Schornstein und rauche mit einem anderen, bis mir der Kopf zufällt.

Im Bus nach Kabul sind wir nur wenige. Von Beginn an habe ich Angst um mein Leben. Der Fahrer kann nicht fahren. Ich fühle es, sehe es, immer wieder, Kurve für Kurve. Eine Schreckensfahrt, die durch das ausgiebige Rauchen besonders schrecklich wurde. Ob in diesem Zustand oder im Schlaf jemand mein Geld gestohlen hat? Noch einen Tag vorher habe ich es an einen anderen Platz gehängt: bis dahin am Sack, near by den Eiern, neuerdings an der Brust. Ein Fehler.

In Kandahar, auf halber Strecke, schlafen alle im Hotel, nur ich nicht. Ich schlafe im Bus, dusche aber morgens heimlich im Hotel – habe ich in der Hast des schlechten Gewissens das Geld in der Dusche hängen gelassen? Es ist weg.

Ich begann, den Bettlern, meinen Freunden, kein Geld mehr zu geben. Ich war hart geworden, weil ich mir mit meinen 200 Mark wie ein armer Mann unter den reichen Touristen vorkam. Luxus-Bube, der ich war.

Und ich lernte nichts daraus.

Noch am nächsten Tag verlor ich nach meiner Rückkehr in Kabul mein Portemonnaie, da war noch ein Vermögen drin, ein 20 Schilling-Schein aus Österreich und ein Fünfmark-Stück.

Dann erst begriff ich. Und kehrte um.

Die letzten Afs teilte ich wieder mit den Bettlern, wie es sich gehört. Und siehe, am nächsten Tag fand ich mein Portemonnaie in meiner Westentasche - dort, wo es immer gewesen war?

Ein letzter Akt, meinem Schicksal zu entgehen:

ICH ALS UNTERNEHMER.

Ich will Geld verdienen.

Ich will nicht ohne Geld zurückfahren.

Ich will mich nicht von der Botschaft finanzieren lassen.

Ich will keine alten Freunde um Hilfe bitten.

Ich will es selbst schaffen.

Erst mal ans Geld ran.

Ich gehe zu dem Bus-Unternehmer Kabul-Herat. Wir kennen uns schon von meinen Irrfahrten. Lange dauert es, bis ich ihm begreiflich machen kann, was ich will. In der Nähe von Kabul steht ein See, Kargha-Lake. Ich habe gehört, dort kann man baden und sich zwischen den Bäumen sonnen. Ich habe viele Leute getroffen, die gern in dieser heißen Stadt einmal baden gehen würden. Und Bäume, wo gibts die schon. Also – was kostet es: ein Bus für ca. 30 Leute, morgens zum Kargha-Lake, abends wieder zurück? Ein Bus dorthin und so: 300 Afs. Nein, 400 Afs. Nach längerem Handeln doch 300 Afs. Ich rechne. Wenn ich den Bus einigermaßen voll kriege, pro Person 30 Afs - ich könnte über 500 Afs verdienen. Die ganze Geschichte zweimal die Woche – ich wäre saniert.

Tomorrow sollte es losgehn sagt der Busunternehmer. Tomorrow? Oha, dann müsste ich heute noch 30 Leute zusammenbekommen, die mit mir fahren. Und der Tag war nicht besonders heiß gewesen. Ein Risiko, aber wenn er sagt tomorrow, dann tomorrow. Ich gehe sofort los. Den ganzen Abend rede ich mit Touristen, Freaks und Einheimischen, solange, bis ich nicht mehr kann. Jeder, der mit zum Kargha Lake will, muss mir Namen und Hotel nennen, damit ich die Übersicht behalte.

Morgens ganz früh raus, hin zum Bus-Chef. Er lacht, freut sich, hält alles für eine großartige Idee. Wir trinken Tee, geben uns oft die Hände, und mir wackelt das Herz, hoffentlich klappt?s. Dann fahren wir zusammen mit einigen neugierigen Afghanen zum vereinbarten Treffpunkt. Da stehen sie: acht meiner Kunden, zwei zu wenig, um kostendeckend fahren zu können. Wir warten noch, keiner kommt mehr. Ich zurück zum Chef: „All finished now, not enough money for you and me." Er kann es nicht glauben, schickt mich noch einmal los. Es war doch alles so gut eingefädelt. Aber es ist wirklich finished. Wir sehen uns noch einmal traurig in die Augen, er will kein Geld, geht gleich weg. Ich verabschiede meine treue Kundschaft, bedanke mich, empfehle ihnen den Linienbus mit zweimal Umsteigen für 10 Afs und verschwinde von der Money-Bühne. Später zähle ich zum ersten Mal, wie viele Menschen ich am Abend vorher angeworben habe: 13 feste Zusagen. Das war zu wenig, aber mehr war wirklich nicht drin, mein Freund.

Nun ist alles Geniale

erstmal vorbei.

Unsicher hänge ich

in der Grube.

Geld gibt es

ohne Katzbuckeln wo?

Freiheit überzogen.

Mich verkaufen?

Arsch auf?

Ein Weg nach vorn?

Ich bin Anfang.

Poor (pur)

Ich fürchte die Sonne.

Am Rand von Kabul, auf dem Weg, zurück nach Berlin. Ohne Geld. Ich warte auf Autos, die mich mitnehmen sollen. Alles ist hell, ich stehe im Schatten. Aber es ist sehr heiß. Richtig gut finde ich diesen Platz selbst nicht. Wenn ich mich nicht mag, mögen mich die Autofahrer auch nicht. Was sollen sie auch mit mir machen? Das muss genügen. Fertig.

Ich gehe durch das nächste Tor zu einem Haus. Es ist breit und groß. Zwei Männer liegen im Schatten und schlafen. Ich bitte um Wasser. Ich bekomme Wasser und soll mich zu ihnen setzen. Es ist früher Nachmittag. Sie bringen Weintrauben, mehr als ich essen kann. Danke, brauche ich nicht zu sagen. Ich lasse es mir schmecken. Wir freuen uns zusammen. Als ich alles aufgegessen habe, soll ich mich hinlegen. Ich lasse es geschehen, schlafe sofort ein. Kühler Schatten. Nach einigen Stunden werde ich geweckt. Jetzt soll ich gehen. Ich gehe. Auf der Straße hält nach wenigen Minuten ein Lastwagen.

Langsam begreife ich.

Kandahar, im Süden Afghanistans ist die schwärzeste Stadt, die ich kenne. Ich komme am Abend an. Kein Geld für Hotel, ich habe immer draußen geschlafen. In der Dämmerung entdecke ich einen Holzverschlag. Ich krieche hinein. Niemand wird mich finden. Ein großes Tier, ein Hund, schleicht rum, aber die Hunde sind frei, beißen nicht. Ein Soldat mit einem herrlichen Schlagstock in der Hand schlendert vorbei, ruft, hält, hört, dreht sich um, guckt durch die Bretter und sieht mich liegen. Ich stehe auf und hoffe, dass ich keine Angst bekomme. In wenigen Augenblicken kann ich ihm klarmachen, was ich will und was ich nicht will. Ich darf nicht. Wir suchen jetzt gemeinsam einen besseren Schlafplatz für mich. Überall schlafen die Menschen auf der Straße.

Dann finden wir ein bettähnliches Gestell in einer Seitenstraße. Ich soll mich hinlegen, er will die ganze Nacht Wache halten. Es ist stockdunkel inzwischen. Ein Vorgesetzter kommt. Ich muss mit zur Wache. Und dann – ich bin in Tausendundeiner Nacht – kommen wir in einen spärlich beleuchteten Hof. Eine Gruppe Soldaten steht um einer Empore. Auf der Empore steht ein Bett, ein Tisch, eine helle Lampe, die einzige in der Runde.

Ein sehr dicker, eindrucksvoller Offizier mit Vollglatze und vielen Orden hält Audienz. Die Stimmung ist gelockert bis fröhlich. Ich werde nach vorn geschoben und ins Verhör genommen. Nicht unfreundlich. Der Offizier will viel wissen. Ein Soldat übersetzt ins Englische. Sie lachen viel, die Soldaten, der Offizier bleibt Offizier. Zuletzt geht es um die Frage, wie oft ein deutscher Mann in einer Nacht seine Frau fickt. Schwierig zu beantworten, sie sind weit in der Überzahl. Ich sage, das sei nicht das Entscheidende. Der Offizier unterbricht nun. Befehle werden erteilt, ich bekomme eine Leibwache. Zusammen gehen wir in ein Hotel without money.

Dort darf ich mich auf den Steinboden legen und schlafen.
Morgens bin ich der Erste, der geht.

Einmal bekomme ich Geld geschenkt.

Es brennt in meiner Hand.

Ich kann nicht mehr sagen:

"No Money!"

Ich werde nachdenklich

und kaufe mir Brot und Obst.

Das hat geschmeckt.

An der Grenze zwischen Afghanistan und dem Iran hat jeder
Tourist 100 Afs Gebühren zu bezahlen, wenn er das Land
verlassen will. Ich hatte 20 Afs und habe beinahe zwei Tage
gebraucht, bis ich genug Geld hatte, das Land zu verlassen.
Ohne zu betteln. Reines Theater.

Und drüben an der iranischen Grenze will ein Perser unbedingt meine Berliner Adresse haben. Für einen Tee gab ich sie ihm. Er fand den Handel gerecht.

Ich lerne laufen in Afghanistan.

Nach einem langen Tag erreiche ich ein kleines Dorf. Es wird dunkel. Ich trinke einen Tee, esse ein Brot, wasche meine Füße und gehe durch das Dorf, um irgendwo zu schlafen.

Hinter einem Hügel finde ich Platz in der sandigen Erde. Im Einschlafen höre ich Schritte. Zwei Männer im Dunkel. Sie suchen mich, finden mich. Sie fordern mich auf, mit ihnen zu gehen. Ich packe meine Sachen und gehe mit. Sie sagen mir, es sei gefährlich, was ich tue. Es gibt zu viele Halsabschneider. Und mit einer unmissverständlichen Geste zeigen Sie mir, was sie meinen. Vor einem Bazar am Rand des Dorfes weisen sie mir einen Schlafplatz zu. Dort liegen schon einige Männer, andere sind noch wach. Sie begrüßen mich, es ist alles klar.

Wieder werde ich aufgeweckt. Der Governor stellt sich vor. Ich soll im Hotel schlafen. Ein Junge hat ihn alarmiert, der mich am Abend noch unbedingt ins Hotel lotsen wollte. Wir hatten uns gestritten. Der Governor wird laut, meine Gastgeber bleiben ruhig. Alle reden mit. Erst, nachdem es auch dem letzten klar ist, dass ich wirklich kein Geld habe, darf ich weiterschlafen.

Morgens gibt es erst einmal Tee. Einer wirft mir ein gutes Stück Shit zu. Ein anderer holt die große Wasserpfeife. Der Shit kommt unter die Holzkohle, ich rauche an. Hallo. Zu zweit rauchen wir das ganze Stück. Ich denke, ich werde nicht wieder. Man verabschiedet sich nun von mir. Ich denke, ich mache einen verwirrten Eindruck.

Ich gehe los, weiß nicht mehr als die Richtung, bin trotzig und dann schnell allein. Um mich herum nur kahle Berge, eine ausgetrocknete Ebene, Sand und Steine. Und die Straße leer.

Die Sonne steigt höher, jetzt gehts auf den Punkt. Autos fahren vorbei. Keiner hält. Winken mag ich nicht. Entweder ich gehe oder ich winke.

Ich gehe.

Stunden, stundenlang.

Gehe, bis ich klar komme.

Ich bin immer noch irre vom Shit.

Kann's gar nicht fassen.

Die Sonne ist stark.

Gehen ist besser als stehen.

Nichts passiert.

Langsam werde ich schwach.

Die Hitze gibts mir.

Ich gehe nach ganz unten, hole neue Kräfte.

Da war ich lange nicht. Oft noch nie.

Und die Wüste ist ganz still.

Ich weine und schreie. Das tut gut. Hinterher fühle ich mich wieder.

Ich werde klarer. Und kann nicht mehr.

Am Horizont sehe ich Farben. Menschen.

Bald habe ich sie erreicht. Ich will vorbeigehen, grüße.

Sie fordern mich auf, mich hinzusetzten. So sehe ich aus.

Ich setze mich.

Sie fragen mich aus. Woher, wohin und lachen. Sie glauben, ich will zu Fuß nach Europa.

Ich kann kaum reden. Den nächsten Bus halten die beiden an, sprechen mit dem Fahrer. Ich soll einsteigen. "No money!" Steig ein.

Drinnen gehe ich auf, bekomme zu essen. Ich spreche, zeige, freue mich. Ganz einfach. Wieder mal gerettet.

Wir halten an einem Marktplatz. Endstation.

Ich stakse aus dem Bus, hin zur Straße. Ein Fluss, mehr als 20 Meter breit, mitten in der Wüste. Ich muss baden. Ich komme an einer Öffnung des Ufers vorbei. Hier leiten sie das Wasser für die Felder ab. Kinder toben in einem Seitenbecken. Sie sehen mich, kommen raus, lachen. Ich soll baden. Im Becken, jetzt gleich. Plötzlich sind sie alle verschwunden.

Ich bin ganz allein. Ich ziehe mich aus, steige in das Becken, durch das das Flusswasser strömt, schwimme auf der Stelle, wälze mich hin und her wie ein Riesenwal, tauche, stoße mich ab vom Grund, pruste. Das geht nie zu Ende.

Nach langer Zeit steige ich aus dem Wasser, ganz neu. Ich ziehe mich an und bleibe noch ein bisschen. Ich stopfe meine Hose am Knie, die Kinder kommen zurück, klauen mir Nähzeug, meine Füße baden im Wasser.

Und als ich weitergehe, treffe ich an der Straße zwei traurige Franzosen an ihrem zerbrochenen R4. Bin ich froh, dass ich kein Auto habe.

Ich komme in Fahrt.

Es geht schnell im Iran. Kurz nach der Grenze hält ein VW mit jungen Italienern. Es ist kaum Platz für drei. Ich bin der Vierte.

Die ganze Fahrt bis Maschhad lärmt der Radio-Recorder. Zerfetzte italienische Beat-Musik und die Bee Gees natürlich. Ich fühle mich gleich zu Hause. Was habe ich falsch gemacht?

Als ich bei Messhad betäubt aus ihrem Wagen steige, komme ich nicht mal zum Pinkeln. Ein Lastwagen hält. Sie wollen mich an die richtige Ausfahrt bringen. Danke.

Die Sonne steht schon tief. Nach wenigen Kilometern steige ich aus. Ein kurzes Palaver mit ein paar neugierigen Persern, da hupt schon wieder einer. Ich soll mit. Drei Jungs mit ihrer Freundin. Wir lachen, ein kurzes Stück, ich muss wieder raus.

Dann ein freundlicher alter Herr. Nur fünfzig Kilometer und er schenkt mir ein Stück Morphium. Ich hebe es mir auf.

Es wird dunkel, aber es geht weiter.

Es hält: ein Krankenwagen, ein altes amerikanisches Modell mit einem Bullenmotor. Er fährt stur 120, der beste Fahrer, den ich je hatte. Nach dreihundert Kilometern muss ich raus. Wir haben drei Worte miteinander gesprochen, und er hat mir ein Abendbrot ausgegeben.

Es ist schon spät in der Nacht. Wir halten an einer Grünfläche vor einer Stadt. Auf dem beleuchteten Rasen liegen Menschen, schlafen neben ihren Autos und der Himmel über mir.

Am nächsten Tag bin ich abends schon in Teheran. Ein Lift only. 100 Rials für ein Hotelbett. Fünfmal so viel wie in Kabul. Ich habe nichts. Ein Fixer schenkt mir nach dem ersten Ansehen sein ganzes Brot. Dazu noch fünf Rials für Käse. Von mir bekommt er das Stück Morphium. In Teheran suche ich einen Schlafplatz. Irgendwo auf der Straße oder in einem Verschlag. Überall schleichen Typen herum, Teheraner.

Sie sprechen mit mir, wollen irgendetwas, wissen noch nicht was, warten auf die Gelegenheit. Der Jüngste von ihnen ist vielleicht zwölf. Es ist 11 Uhr nachts. Die Hotels machen zu, mit schweren Ketten an eisernen Türen. Ich klettere auf das flache Dach eines weißen Transits. Will dort schlafen. Ein Junge steigt mir nach. Sein Blick ist starr, er sieht mich an, sucht seine Chance. Ich schrei ihn an, bis er wieder runtersteigt. Noch lange geistert er um den Wagen. Ich fühl mich sicher.

Ich verkaufe mein Feuerzeug an ihn. Für 15 Rials. Noch vor meinen Augen verkauft er es weiter an den nächsten. Für 50 Rials.

Ein Triumph: der Übergang an der Iranischen Grenze zur Türkei.

Das letzte Auto vor der Grenze. Der Fahrer schielt sehr. Er fährt schnell. Wir sind zu dritt. Jetzt sehe ich auf dem Berg schon die Grenzstation. Da fährt der Wagen nach rechts auf den steilen Abhang zu. Mit den rechten Rädern ist er schon im Sand, jetzt erst begreife ich, schreie „Ho!". Der Fahrer wacht auf, reißt den Wagen zurück, wir schleudern auf die andere Straßenseite, hin und her, dann hat er ihn wieder in der Gewalt. Wir halten an, der Fahrer wischt sich die Augen. Ich bin ganz ruhig.

Die Grenzformalitäten dauern nicht lang, bald bin ich in der Türkei. Schon beinahe in Europa. Ich habe was geschafft. Ich laufe noch ein paar Kilometer, ein Wagen hält neben mir, ohne dass ich winke. Der Fahrer grinst, ich steige ein. Zwei Kinder sitzen auf der Rückbank. Die Windschutzscheibe fehlt. Eine wilde Fahrt über die zerfressene Landstraße beginnt. Der Fahrer will alles. Eine Prüfung. Wir sprechen miteinander, da taucht aus dem Gebüsch ein großer weißer Hund auf, will noch vor dem Auto die Straße überqueren, der Fahrer gibt ein bisschen Gas, es kracht und poltert erst vorn, dann unter dem Auto. Ich bekomme einen Spritzer ins Gesicht, dreh mich um: in schauerlichen Verrenkungen wälzt sich der Hund von der Straße, heult noch einmal auf, und dann ist alles still. Wir halten, der Türke steigt aus, wischt mit einem Lappen sorgfältig den Kühlergrill sauber, schließt noch einmal ausdrücklich den Kofferraumdeckel und lacht mich entschuldigend an. Die Fahrt geht weiter. Ein wenig schneller noch. Steine fliegen mir ins Gesicht. Die Kinder sind ganz still. Vier Tage später beginnt ein Krieg zwischen der Türkei und Griechenland um Zypern.

Mein Tramp durch die Türkei. So soll werden:

Tabriz.

Marand.

Maku.

Border Turkey: Bazargan.

Agri.

Horosan.

Erzurum.

Erzincan.

Sivas – ja wenn ich erst mal in Sivas bin.

Yozgat.

Kirikale.

Ankara. Noch 500 Kilometer nach Istanbul.

Pazar.

Gerede.

Adapzari.

Izmit.

Istanbul. Europa.

Und so bin ich gefahren. Habe fahren lassen.

Ich wache auf.

Mitten in der Türkei.

1.000 Kilometer bis Instanbul.

Ich fühle mich nicht gut, packe meine Sachen zusammen und geh los.

Immer ein wenig zu schnell. Ich strenge mich an. Autos fahren vorbei. Niemand hält. Es wird heiß, ich fürchte mich vor der Müdigkeit. Ich denke, ich werde müde. Ein Trecker hält. Mit zwanzig Sachen durch die Berge, ganz dicht am Stein; ein Bauer, der mich versteht. Die Täler sind fruchtbar, ich muss wieder laufen. Ich bekomme Durst, trinke nicht. Ich halte aus. Ich will es aushalten. Die Tasche an meiner Seite wird so schwer wie meine ganze Plage. Ein Wagen hält. Ich bin froh und rede auf den nächsten fünfzig Kilometern mehr, als gut ist. Hinterher ist mir richtig schlecht, und meine Hände riechen noch lange nach Kölnisch Wasser, mit dem wir unsere Gesichter und Hände wasche.

Ich muss viel laufen. Wenn ich ohne wichtigen Grund

stehenbleibe, komme ich aus dem Rhythmus. Das will ich nicht mehr, denn der Anfang ist schwer. Am Anfang kann ich nicht sehen, nicht hören, egal wo ich bin. Wie sinnlos fühle ich mich. Vorwärts, nur vorwärts. Ein Kleinbus hält. "No money for you!" ruf ich. Das ändert nichts, ich soll einsteigen. Ich stolper über eine Kiste mit Früchten und Gemüse, steige über Knie, lass mich in den Sitz fallen und blicke in Augen, die mich neugierig mustern. Bauern. Sie starren mich an, ich fühl mich gezwungen zu erklären: „Aleman, from Kabul, Afghanistan, to Iran. Hallo." Sie sind ein wenig zufrieden. Immer wieder werde ich mit Blicken geprüft. Kein Lachen, keine Geste, nur der Fahrer freut sich. Wir fahren in ein Dorf, abseits der Hauptstraße. Sie steigen alle aus, ich auch, nach einigem Zögern. Der Kaufmann bekommt einen großen Sack voll Brot mitgebracht, ich mache große Augen, aber es wirkt nicht, niemand achtet auf mich. Ich werde wieder zur Straße gefahren, muss laufen. Und ich laufe, laufe, und keiner von diesen Türken hält. Einsam bin ich, weil ich Schmerzen habe.

Türkische Kinder werfen Steine nach mir. Ich drehe mich um. Keiner will es gewesen sein. Jeder zeigt auf den anderen. Ich gehe weiter, drehe mich wieder um. Einige haben schon die nächsten Steine in der Hand. Ich schrei sie an: „Turkey?" Sie nicken. Ich zeig auf die Steine in ihren Händen: „Turkey, Turkey!" und lache über ihr Versteckspiel. Einige werfen die Steine weg, die letzten kriege ich doch noch zwischen die Beine. "Turkey!"

Ein Dorf.

Kein Zeichen,

kein Halten.

Es ist sehr heiß.

Wieder ein Dorf,

wieder kein Zeichen.

Ich will angestrengt, abschreckend.

Dann bricht's heraus.

Ich schreie. Würge.

Will dieses Schicksal nicht, nicht so,

will ein anderes, besseres.

Aus einer Hütte am Fluss

treten zwei Bauern

und blicken mich stumm an.

Sie alle wissen Bescheid

und können nichts tun.

Im nächsten Dorf werde ich halt machen.

Ich bin ein Mensch.

Hoffentlich ein Zeichen.

Kein Zeichen.

Ich halte am Brunnen. Völlig erschöpft.

Eine Frau wendet sich ab, niemand sonst

lässt sich sehen.

Ich möchte etwas essen,

bringe einen Laut wie "hungry" hervor

und weiß doch, es stimmt noch nicht.

Ich bin nur schwach

und suche.

Ich kann kaum noch stehen.

Ich fülle frisches Wasser in die Wasserflasche.

Ein Mann, ein Türke kommt zu mir,

spricht mit mir, ihn befriedigt mein Zustand.

Ich setzte mich an den Straßenrand auf meine Tasche.

Ein Junge kommt.

Wir reden in einer fremden Sprache,

die wir beide verstehen.

Bald hat er genug, ich muss weiter.

Langsam stehe ich auf,

gehe einen Schritt,

dann zwei,

wieder muss ich laufen

lernen.

Wie lange noch?

Autos fahren vorbei,

nicht für mich.

Ich habe aufgegeben

zu winken.

Jeder kann sehen.

Jetzt – ein weißer Ford-Transit. An mir vorbei, bremst ganz fern – ich winke schnell und beginne zu laufen. Es geht doch, ich brauche nur ein wenig Liebe. „Where do you go?" Ich kann niemanden sehen, höre nur Stimmen, antworte „Ankara first, than Istanbul." - „We go West!" Eine Tür wird aufgeschlossen, ich steig ein. Kissen, Decken und ein riesiges Bett. Ich sinke hinein.

Jetzt fahre ich mit, mindestens bis Ankara, vielleicht bis Istanbul. Nur nicht nachdenken.

Ich konnte mir nicht verzeihen, dass ich so schamlos schnell gewunken hatte.

Die Engländer im Transit sind sehr arm. Jede Zigarette ließen sie wie einen kostbaren Joint herumgehen. Sauber. Ich konnte wieder anfangen zu rauchen. Danach habe ich es mir wieder abgewöhnt. Jetzt rauche ich wieder.

Ich hatte überhaupt kein Geld.

Ich habe Zigarettenpapier und eine Pfeife gespendet. Die Freude war groß. Bis Istanbul.

Abends haben wir alle wenig gegessen. Die drei Engländer, Jo, der Tramper und ich. Wir wollen Zutaten für das Abendbrot einkaufen. Mehr als zwei Stunden fahren die Engländer herum, überall ist es Ihnen zu teuer. In der Türkei ist alles sehr billig. Ich werde schon kurz angebunden. Und sie finden, was sie suchen. Das Essen schmeckt dann wie eine Erlösung. Mann.

Wir halten mit Jo und den Engländern auf einem weiten Feld

und machen Abendbrot. Zwei Türken kommen näher,
schauen durchs Fenster und sprechen über uns. Jo, der
Holländer bleibt mit ihnen auf Tuchfühlung. Sie wundern sich.
Einer der Türken zeigt auf Jos schulterlanges Haare und fährt
demonstrativ über seinen Stoppelkopf.

Jo nickt.

Istanbul.

HOTEL UTOPIA

7 LIRA FOR ONE NIGHT.

CAUSE WE ARE FRIENDS.

Jo bekommt 50 Lira geschenkt.

Ich 10.

Wir teilen.

Wenn ich will.

An der Grenze nach Griechenland bekomme ich seit langem wieder richtig zu essen.

Nachmittags eine riesige große grüne Melone, die ich vollständig aufesse.

Und abends ein Mahl im Restaurant.

Schwer und ölig und gut. Das war zu viel.

Am nächsten Tag bekomme ich Dünnschiss.

Liege am Rande eines leeren Strandes und leide einen langen Tag.

Geschwächt, gereinigt und dankbar für mein Wohlergehen stelle ich mich wieder an die Straße und muss lange warten.

Zu meinen Füßen sehe ich Stroh liegen. In einer Farbenpracht, wie ich sie mir bis zu diesem Moment noch nicht einmal wünschen konnte.

Die Türken haben Panzer aufgefahren und spielen Versteck mit den Griechen. Aber die sind nicht ganz so geil.

Ein Türke: „Do you know, that probably the Third World War will begin, when we fight for our rights on Cypris?"

No.

Ein Grieche: "We will fuck the Turkeys!"

Yes.

Die Griechen nehmen nur ungern Tramper mit. Für die ersten 100 Kilometer nach Thessaloniki brauche ich zwei Tage. So ein ordentliches Volk. Besonders die Jugendlichen wissen überhaupt nicht, was läuft.

Erst als ich mit Soldaten zusammenkomme, geht es weiter. Sie stehen neben mir an der Landstraße und halten Lastwagen an. Ich darf mit.

Die letzten 200 Kilometer in einem geschlossenen Kastenwagen. Wie in einer Keksdose.

Zweimal wird gehalten.

Einmal zum Pinkeln.

Einmal zum Melonenessen.

Die Sonne scheint mild in Griechenland.

Ich schlafe auf dem Bahnhof von Thessaloniki. Zusammen mit vierzig Trampern und anderen. Nachts werde ich geweckt. Jo ist da. Das ist gut. Wir verabreden uns für den nächsten Tag zum Blutspenden. Die sollen 15 Dollar zahlen.

Sie zahlen nur die Hälfte, die Halsabschneider. Aber ich wills machen. Ich will Geld sehen. Ich warte auf die Schwester, da sagt Jo: „Ich weiß gar nicht, warum wir hier sitzen. In Istanbul hat mir einer 100 Mark geliehen. Wenn Du willst, kannst Du die Hälfte haben."

Ich will.

Wir gehen erst einmal essen.

Ich bin ganz schwach.

Brötchen mit Butter und Honig auf dem Teller.

Heiße Milch mit Honig!! Dann Joghurt!

Das kann man sich nicht vorstellen.

Mein kostbares Blut ist gerettet.

Im Bahnhof von Thessaloniki sprechen Griechen mit mir. Ich hätte eine Chance, ohne Geld durch Jugoslawien zu kommen. Mit der Eisenbahn. Wo doch die Yugos keine Tramper mitnehmen.

Ich frag alle aus. In zwei Tagen könnten wir in Ljubeljana sein, und von dort ist es nicht mehr weit nach München.

Deutschland.

Jo und ich fahren zusammen im Zug. Erst mal bis zur jugoslawischen Grenze. Schwarz. Keine Fahrkartenkontrolle bis dahin, wie die Griechen es gesagt hatten. Mit der Passkontrolle haben wir keine Schwierigkeiten.

Der Zug ist gerammelt voll. Menschen stehen auf den Gängen. Ein gutes Zeichen für uns. Jetzt bleiben wir so lange drin, wie es geht. Die erste Fahrkartenkontrolle. Ich war gar nicht mehr drauf gefasst. Plötzlich stehe ich vor dem Schaffner, bekomme einen Stoß von hinten, gebe nach und fliege an dem Schaffner vorbei. Der sieht mich gar nicht.

In der Nacht wird nicht kontrolliert. Ich schlafe mit einem anderen zwischen zwei Wagen auf der eisernen Plattform, nicht zu bequem. Um fünf Uhr morgens schrecke ich hoch: „Fahrkarten bitte!"

Der Zug ist sehr laut zwischen den Waggons, direkt unter uns die Gleise. Der Schaffner schließt erst mal die Tür zwischen uns. Ich gehe schnell auf die Toilette, schließe nicht ab. Nach wenigen Minuten ist alles vorbei, ich fahre bis Beograd, Jugoslawien ist halb geschafft.

Und auch die nächste Kontrolle hinter Beograd überstehe ich heil. Jo wird erwischt. "No money, no ticket". Kopfschüttelnd geht der Schaffner weiter.

Nach 30 Stunden Ljubeljana. Ich bleibe im Zug.

Dann die österreichische Grenze. Keine Schwierigkeit. Ich bin nur noch müde, jeder Nerv spielt mit meinem Leben. Ich lege mich schlafen.

Dann der Ruf: „Der Schaffner kommt!" Noch im Schlaf springe ich auf, gehe auf den Gang und nach vorn. Der Zug hält. Ich steige aus, will hinter dem Schaffner wieder einsteigen. Eine zweite Tür fällt ins Schloss. Auf freier Strecke stehen wir uns gegenüber, der Schaffner und ich.

Wir sehen uns an. Ich geh an ihm vorbei, will hinten einsteigen. Er sagt: „Da vorn hams geschlafn." „Ah, richtig, dankeschön, hab schon gesucht." Ich bleibe höflich. Er folgt mir zum Abteil, ich setze mich.

„Fahrkarten bittä!"

Ich bin gemeint.

Ich tue, als ob ich suchen würde.

„Ja, wo sind sie denn, eben waren sie doch noch in der Jacke." Ein langes Spiel und die Lüge tut mir weh.

Es ist schon alles vorbei, er weiß Bescheid:

"I glob, daß Sie geascht ham."

Ich höre Asch, ich?

"Das glaub ich nicht," sage ich,

dann verstehe ich und nicke gleichzeitig.

"Meinetwegn, foans halt mit."

sagt er, schließt die Tür und geht weiter.

Ich zittere.

Heut will ich keinen Scheiß mehr machen.

Beim nächsten Halt steige ich aus.

Noch mal Schwein gehabt.

Morgens wache ich auf einer Wiese direkt vor dem Tauerntunnel auf.

Ich trampe in Richtung München.

Von München nach Berlin nimmt mich ein Jugoslawe mit.

Ich stehe an der Autobahnraststätte, ganz müde. Zwei Tramper sagen mir Bescheid. Ich hin zum Fahrer und frage, ob er mich mitnimmt, nach Berlin. Er sagt gleich ja. Er war auch so müde.

In Berlin will er mir noch Geld geben, weil ich ihn nach

Kreuzberg gelotst habe. Ich habe nur gelacht und bin erst mal
zu Eddie gefahren.